JN418989

복음의 절대 능력

복음의 절대 능력

지은이 | 김성곤

개정판 3쇄 발행 | 2026년 2월 1일

펴낸곳 | 도서출판 두날개
등록번호 | 제 396-2012-000001호

주소 | 경기도 고양시 일산동구 호수로 662
편집부 | 전화 031-900-8885 팩스 070-8233-4700
영업부 | 전화 031-941-7663 팩스 031-942-7661
홈페이지 | www.dngbook.com

ISBN 978-89-6539-320-7 03230
: 독자의 의견을 기다립니다.
dngbooks@gmail.com

: 잘못된 책은 구입처에서 교환해 드립니다.

도서출판 두날개는 하나님이 디자인하신 건강한 교회가 세워지도록
문서선교 사역을 담당하는 출판사입니다.

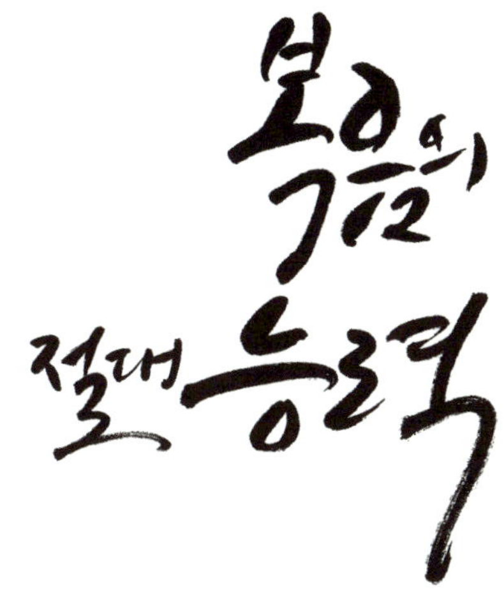

The Absolute Power of the Gospel

예수 그리스도 이름의 능력과 권세가 나타나는 절대적 진리

• 김성곤 지음 •

두날개

“

주의 성령이 내게 임하셨으니
이는 가난한 자에게 복음을 전하게 하시려고
내게 기름을 부으시고 나를 보내사
포로 된 자에게 자유를,
눈 먼 자에게 다시 보게 함을 전파하며
눌린 자를 자유롭게 하고
주의 은혜의 해를 전파하게 하려 하심이라 하였더라

눅 4:18-19

”

CONTENTS

PART 3 말씀과 성령의 능력으로

PART 4 두날개로 날아오르는 사람들

• 추천사 1 •

“복음 전하는 사명은 그가 우리에게 주신 최고의 사명입니다!” 우리 주님께서는 이 세상을 떠나시면서 이렇게 명령하셨습니다.

예수께서 나아와 말씀하여 이르시되 하늘과 땅의 모든 권세를 내게 주셨으니 그러므로 너희는 가서 모든 민족을 제자로 삼아 아버지와 아들과 성령의 이름으로 세례를 베풀고 내가 너희에게 분부한 모든 것을 가르쳐 지키게 하라 볼지어다 내가 세상 끝날까지 너희와 항상 함께 있으리라 하시니라 마 28:18-20

이 말씀은 우리가 절대적으로 받들어야 하는 절대 명령입니다. 이 절대 명령 앞에 우리는 순종할 뿐입니다. 이 절대 명령을 우리에게 주시면서 이를 이루시기 위해 우리와 함께하시겠다고 말씀하셨습니다.

내가 아버지께 구하겠으니 그가 또 다른 보혜사를 너희에게 주사 영원토록 너희와 함께 있게 하리니 요 14:16

이 말씀은 '하나님이 우리와 함께하심이라'는 임마누엘의 주님을 의미하는 말씀입니다. 『복음의 절대 능력』은 임마누엘 되신 주님의 명령에 김성곤 목사님께서 절대적으로 순종하신 결과물이라 생각됩니다.

복음의 절대 능력! 그것은 에녹처럼 임마누엘의 주님과 함께 살다가 데려가실 때까지 주님의 지배하심 아래 사는 것을 말합니다.

복음의 절대 능력! 이것은 마치 내가 차를 운전함같이 성령께서 나를 통하여 내 인생을 운전하시는 것입니다. "그가 하십니다!" 하나님의 일은 하나님이 하십니다. 우리는 그저 순종할 뿐입니다.

좌로나 우로나 치우치지 말라고 하나님께서 여호수아에게 하신 말씀이 기억납니다. 하나님의 일을 할 때에 치우치지 않아야 합니다. 성령님을 통해 내가 누리는 복음을 전달하려고 할 때, 우리는 오로지 그분의 능력으로 할 뿐입니다.

속죄, 곧 대속해주신 은혜에 대한 믿음은 인간의 지능이나 경험 또는 수양으로 받을 수 없습니다. 다만 성령의 권능으로라야 이런 신앙을 받아 누릴 수 있습니다.

성령의 권능을 받은 사람이 또 다른 사람에게 복음을 전할 때 그 사람도 성령의 권능을 누리게 되는 것입니다. 따라서 하나님께서 김성곤 목사님에게 무량으로 부어주신 복음의 절대 능력이 이 책을 통하여 또 다른 사람들에게 전달되어 성령의 역사와 권능을 그 사람도 받게 될 것을 기대합니다.

두날개 선교 운동을 향하신 성령님의 귀하신 역사하심을 기도합니다. 주님 오시는 그날까지 성령님의 지배를 받으시는 여러분이 되시기를 바랍니다.

방지일
대한민국 제1호 선교사, 영등포교회 원로목사

저자 주 / 방지일 목사님 : '사람을 변화시키는 것이 예수 그리스도 피의 복음 능력'이라는 철학을 가지신 방지일 목사님은 한평생 복음의 절대 능력에 사로잡혀 사역하신 하나님 나라의 증인이십니다. 평양 신학교를 졸업하신 후, 1937년에 중국에 파송되어 1957년까지 전 세계 모든 선교사들이 추방될 때 중국에 마지막까지 남아 사역하신 대한민국 제1호 선교사님이십니다.

• 추천사 2 •

사랑하는 제자이자, 훌륭한 목회자이신 김성곤 목사님의 저서 『복음의 절대 능력』 발간을 진심으로 축하드립니다.

본서는 김성곤 목사님의 목회 철학을 집대성한 저서라 할 수 있습니다. 저자는 척박한 목회 환경 속에서 개척을 시작하여 20년이 채 되지 않는 시간 속에서 하나님의 위대한 부흥을 경험한 목회자입니다.

본서는 말과 이론이 아닌 실제이며, 복음의 강력한 절대 능력을 믿고 확신하며 경험한 김성곤 목사님의 목회 현장의 기록이라 하겠습니다.

먼저 살필 것은 저자가 강조하는 '두날개 목회'는 단순한 프로그램이 아니라는 것입니다. 본서의 제목처럼 복음의 절대 능력을 확신하는 가운데 말씀과 성령의 능력으로 주님의 교회를 세워나가야 한다는 교회의 본질이 '두날개 목회'입니다.

또한 본서는 성령의 역사를 통해 강력한 복음의 본질, 즉 하나님의 능력이 회복되며 말씀의 역사를 통해 훈련과 재생산이 이루어지는 과정을 자세히 기술하고 있습니다. 교회가 목회의 기술로서 변화되는 것이 아니라, 말씀과 성령의 능력으로 목회 전체를 변화시키는 능력임을 체계적이며 사실적으로 잘 보여주고 있습니다.

저는 본서를 통해 많은 목회자와 평신도들이 '두날개'를 대변하는 말씀과 성령에 기초한 '복음의 절대 능력'을 회복하기를 바랍니다. 그리고 복음의 절대 능력으로 한국 교회가 다시 한 번 능력을 회복하고 놀라운 부흥을 경험하게 되기를 바랍니다.

본서의 발간을 진심으로 축하드리며, 김성곤 목사님의 목회 사역 가운데 하나님의 큰 영광이 임하기를 기원합니다. 아울러 저자가 경험한 복음의 절대 능력을 많은 독자들이 공유할 수 있게 되기를 바랍니다.

정일웅
총신대학교 총장

• 들어가며 •

인류 역사상 가장 아름다웠던 교회는 어떤 교회일까? 아마 예수님과 사랑의 추억이 묻어있던 초대 교회였으리라. 그래서 초대 교회를 사모했다. 개척 초창기부터 그리스도의 사랑으로 충만했던 초대 교회를 흉내라도 내고 싶었다. 그래서인지 주님은 우리에게 풍성한교회를 세상에서 가장 건강한 교회가 되게 하셨다. 아마 초대 교회처럼 복음으로 충만했기 때문이었으리라.

복음이란 무엇일까? 복음은 인생의 모든 문제를 해결하신 예수 그리스도의 십자가의 승리다. 아담 안에서 잃어버렸던 복을 예수 그리스도 안에서 완전히 회복한 것이다. 이것은 인간의 힘이나 노력이나 공로로 되는 것이 아니다. 모든 믿는 자에게 구원을 주시는 하나님의 절대적인 능력이다. 그러하기에 복음은 강력한 믿음의 사람으로 변화시키는 영적 대혁명이다.

주 예수 그리스도의 복음은 나에게 최고의 가치였기에 목숨마저 걸게 했다. 복음이 전해지는 곳마다 영적인 가난은 하나님의 영광의 풍성함으로 바뀌고, 환경적인 빈곤은 부유함으로 변화되는 역사를 내 눈으로 직접 보았기 때문이다.

그것은 복음의 절대 능력이었다. 복음은 사람을 살리고, 교회를 살리고, 지역을 살리고, 민족과 열방을 살렸다. 어찌 위대한 예수 그리스도의 복음을 선포하지 않을 수 있겠는가. 죄의 세력에 포로된 자를 자유케 하는 위대한 복음, 눈먼 자를 다시 보게 하고, 눌린 자를 자유케 하며 모든 삶에 해방과 자유와 치유와 회복을 주는 능력의 복음이 우리 교회 안에 충만했기에 세상에서 가장 건강한 교회로 자리매김할 수 있었다.

그러나 오늘날의 교회는 하나님의 위대한 복음의 능력이 위축되고 있다. 교인들은 성경적인 복음의 가치를 인식하지 못한 채, 복음에 대해 감격이 없는 신앙생활을 하고 있지 않은가.

두날개운동은 예수 그리스도의 복음의 가치를 절실히 깨닫고 복음의 절대 능력을 회복한다. 그래서 두날개교회들은 땅 끝까지 가서 위대한 복음을 전할 사명과 비전으로 충만하여 복음의 절대 능력으로 사역하며, 예수께서 하셨던 가르치고, 전파하고, 치유하는 훈련된 제자들을 재생산한다.

그러므로 세계비전두날개프로세스로 훈련된 제자들은 복음으로 충만하여 복음을 전하지 않고는 견딜 수 없는 불타는 세계 비전에 사로잡혀 땅끝까지 가게 된다.

두날개의 결론은 선교다. 따라서 두날개교회들은 복음의 절대 능력으로 충만하여 총체적인 선교에 주력한다. 교회, 선교사, 선교단체가 같은 전략 같은 비전으로 연합하는 선교이다. 세계비전두날개프로세스로 훈련된 재생산 사역자를 현지에 파송하여 현지인 사역자를 재생산함으로 현지 교회를 건강하게 세우는 비전이다.

같은 말, 같은 마음, 같은 뜻, 같은 열매를 맺는 제자 삼는 세계비전으로 하나님이 디자인하신 건강한 교회를 현지에 세우는 것이 두날개의 연합선교 전략이다.

두날개교회들이여! 복음의 절대 능력을 회복하자. 두날개로 날아올라 땅끝까지 가는 선교, 주님의 보좌에 이르기까지 생명 바쳐 선교하자. 지금 전 세계는 비전과 사명으로 열정을 품은 두날개선교사들을 부른다. 복음으로 충만한 건강한 교회, 건강한 사역자를 재생산함으로 간절한 주님의 소원을 만족케 하는 두날개교회들이 되기를 소망한다. 주께서 곧 오시리라. 마라나타!

그리스도의 제자 김성곤

The Absolute Power of the Gospel

주의 성령이 내게 임하셨으니 이는 가난한 자에게 복음을 전하게 하시려고
내게 기름을 부으시고 나를 보내사 포로 된 자에게 자유를,
눈 먼 자에게 다시 보게 함을 전파하며 눌린 자를 자유롭게 하고
주의 은혜의 해를 전파하게 하려 하심이라 하였더라

눅 4:18-19

PART 1

복음의 절대 능력

- 다시 복음으로
- 나사렛 예수 그리스도의 이름으로
- 복음의 절대 능력을 누려라
- 예수 그리스도의 복음
- 희석된 복음
- 영적 대혁명
- 말씀과 성령의 두날개
- 역동적인 복음
- 복음과 율법
- 복음의 진수

다시 복음으로

맹인이 보며 못 걷는 사람이 걸으며 나병환자가 깨끗함을 받으며 못 듣는 자가 들으며 죽은 자가 살아나며 가난한 자에게 복음이 전파된다 하라 **마 11:5**

언젠가 신문에서 읽은 기사이다. 주부 1,000명을 대상으로 '인간의 힘으로 도무지 해결할 수 없는 다급한 위기를 만났을 때, 누구에게 도움을 구하는가'라는 질문에 90% 이상이 무속인이나 샤머니즘적 주술사에 의존한다는 것이다.

그 기사를 읽으면서 기독교가 세상 사람들의 눈에 얼마나 무능하게 비쳤는가 하는 생각에 자괴감마저 들었다. 세상 사람들은 기독교를 지식적인 이론과 담론뿐인 종교로 오해하고 있지는 않는가. 기독교는 종교가 아니라 생명이다.

기독교의 핵심은 예수 그리스도의 복음에 있다. 복음은 예수 그리스도가 하나님의 아들인 것을 아는 데서 시작하고, 또한 하나님의 아들이신 예수 그리스도께서 완성하셨다. 예수 그리스도의 삶과 죽음, 부활과 승천, 그리고 다시 오셔서 우리를 천국으로 데려가시는 이 모든 과정이 우리를 살리는 위대한 사건이며 놀라운 복음이다.

나의 구원자가 되시는 예수 그리스도는 인간을 구원하기 위해 이 땅에 오셔서 인간의 죄를 대신하여 죽으셨다. 물론 세상의 모든 사람들을 구원하신 것은 아니다. 하나님은 예수 그리스도를 믿고 구주로 영접하는 자에게 구원을 주시고, 복을 주시고자 하는 자들에게 복을 주셨다. 이 위대한 복음을 믿는 자는 하나님의 은혜로 살게 된다.

하지만 오늘날 점점 더 복음을 외면하는 시대가 되고 있다. 점점 더 복음이 변질되고, 복음을 들어도 변화하지 않는 완악한 시대가 되고 있다. 복음은 말로만 전하고, 지식으로만 깨닫는 것이 아니다. 복음은 하나님의 능력과 성령의 감화와 큰 확신으로 되는 것이다.

이는 우리 복음이 너희에게 말로만 이른 것이 아니라 또한 능력과 성령과 큰 확신으로 된 것임이라 우리가 너희 가운데서 너희를 위하여 어떤 사람이 된 것은 너희가 아는 바와 같으니라

살전 1:5

하나님은 어떤 분이신가? 사람들의 눈에 보이지 않지만 우상처럼 말 못하고, 움직이지도 않는 죽은 형상이 아니다. 하나님은 지금도 살아계셔서 우리의 삶을 주관하시고 간섭하시며 인간의 근원적인 필요와 고통의 문제에 대해 진정한 해답을 주시는 분이다.

하나님은 인생의 모든 문제를 십자가에서 해결하신 예수 그리스도를 믿는 자들에게 죄 사함의 은총을 베푸시고, 반드시 영생의 복을 주시며 영광스러운 미래를 보장하신다. 초자연적인 능력으로 인간의 실존적인 문제를 해결하시고, 인생의 짐을 가볍게 하신다.

사람은 자신의 죄 때문에 하나님을 만나지 못하고, 참 생명을 누리지 못한다. 하나님 없는 인생은 참된 가치와 목적을 잃고 방황하며 수고하고 무거운 짐을 지고 힘에 겨워 삶조차 포기하려 한다.

천국에 대한 소망이 없으므로 두려움과 근심 걱정에 사로잡혀 산다. 세상이 주는 것은 허무와 불안과 고통뿐이다. 무엇보다 원수 마귀는 하나님과의 관계를 끊어놓고 인생을 도둑질하며 멸망시키려 한다.

도둑이 오는 것은 도둑질하고 죽이고 멸망시키려는 것뿐이요
내가 온 것은 양으로 생명을 얻게 하고 더 풍성히 얻게 하려는

것이라 요 10:10

아침 안개와 같은 인생이 아닌가. 들꽃처럼 잠시 피다가 사라질 인생이기에 헛되고 허무할 뿐이다. 그래서 인생은 세월이 갈수록 수고하고 무거운 짐만 더해 가는 듯 대책이 없다.

세상 사람들은 간섭 받기 싫어하고 자기밖에 모르는 이기심과 허영에 빠져 충동적으로 산다. 탐심과 우상숭배로 영혼은 완전히 망해 있으며 참 평안이 없다. 영혼은 파멸의 늪으로 빠져가고 있다.

하나님이 없는 인생은 도움을 간구해도 하나님께 도움을 받지 못하며, 진리를 찾지 못하므로 인생의 진정한 기쁨과 감사가 없다. 세상의 명예와 권세와 야망으로 육신의 정욕과 안목의 정욕과 이생의 자랑에 빠져 살다가 죽음 후에는 영벌을 받고 지옥에 간다.

이는 세상에 있는 모든 것이 육신의 정욕과 안목의 정욕과 이생의 자랑이니 다 아버지께로부터 온 것이 아니요 세상으로부터 온 것이라 이 세상도, 그 정욕도 지나가되 오직 하나님의 뜻을 행하는 자는 영원히 거하느니라 요일 2:16-17

반면, 예수 그리스도를 구주로 모시면 하나님의 은혜 안에 살게 된다. 하나님과 함께하는 인생은 늘 하나님으로부터 도움을 받으므로 간증이 넘치고, 예수 그리스도의 십자가 보혈로 정결함을 받아 영혼은 자유와 해방을 누리며, 육신의 질병이 치유 받고 인생의 문제가 해결되므로 언제나 기쁨과 감사가 넘친다.

하나님은 에덴동산의 풍성한 복과 만물을 다스리고 정복하는 비전의 복을 아담과 하와에게 주셨고, 하나님과 만나 교제하며 건강한 육체로 영생을 누리게 하셨다. 하지만 첫 사람 아담이 하나님의 말씀에 불순종함으로 이 모든 축복을 빼앗겨 버렸다.

인간은 사탄의 계략에 빠졌고, 죄의 노예가 되어 하나님을 떠났다. 그러나 하나님은 범죄한 인간을 버려두지 않으시고 구원하셨다. 예수 그리스도께서 오심으로 아담 안에서 잃어버린 축복을 회복하시고 죄악에 빠진 인류를 새롭게 재창조하셨다.

> 그런즉 누구든지 그리스도 안에 있으면 새로운 피조물이라 이전 것은 지나갔으니 보라 새 것이 되었도다 고후 5:17

> 아담 안에서 모든 사람이 죽은 것 같이 그리스도 안에서 모든 사람이 삶을 얻으리라 고전 15:22

아담 안에서 잃어버린 축복을 그리스도 안에서 되찾은 것이 복음이다. 예수 그리스도께서 십자가에서 인생의 모든 문제를 완전히 해결하시고 승리하셨다. 인생의 모든 문제는 복음 안에서 해결된다. 복음만이 살길이며, 복음만이 해답이다.

복음은 특권이다. 복음을 가진 자가 모든 것을 가진 자이며 예수 그리스도의 생명과 풍성한 삶을 누리게 된다. 얼마나 위대한 복음인가. 이 위대한 복음을 회복하고 날마다 복음으로 충만한 삶을 살라.

건강한 교회는 매주 강단에서 이 위대한 하나님의 말씀, 진리의 복음이 선포된다. 성령께서 복음으로 충만한 말씀을 선포하게 하시고, 복음으로 충만한 삶을 통해 기쁨과 감사와 평강이 넘치게 하신다.

> 오직 주의 말씀은 세세토록 있도다 하였으니 너희에게 전한 복음이 곧 이 말씀이니라 벧전 1:25

주님의 교회들이여, 진리의 복음을 회복하라. 진리의 말씀으로 돌이켜야 한다. 복음은 절대적인 하나님의 능력이며 하나님의 은혜다. 주님은 복음을 가르치고, 전파하시며 세상을 치유하셨다. 주 예수 그리스도의 말씀을 회복하라. 다시 복음으로.

나사렛 예수 그리스도의 이름으로

제 구 시 기도 시간에 베드로와 요한이 성전에 올라갈새 나면서 못 걷게 된 이를 사람들이 메고 오니 이는 성전에 들어가는 사람들에게 구걸하기 위하여 날마다 미문이라는 성전 문에 두는 자라 그가 베드로와 요한이 성전에 들어가려 함을 보고 구걸하거늘 베드로가 요한과 더불어 주목하여 이르되 우리를 보라 하니 그가 그들에게서 무엇을 얻을까 하여 바라보거늘 베드로가 이르되 은과 금은 내게 없거니와 내게 있는 이것을 네게 주노니 나사렛 예수 그리스도의 이름으로 일어나 걸으라 하고 **행 3:1-6**

복음은 구원을 주시는 하나님의 능력이다. 복음은 하나님의 의며 그리스도에게로 초청한다. 복음은 하나님의 사랑이며 용서이며 위대한 은총이다. 죄인을 구원하시는 하나님의 긍휼이며, 죄인을 살리시는 하나님의 사랑이다.

위대한 구원의 역사를 알게 될 때, 구원의 서정을 찬양하지 않을 인생이 있겠는가! 복음으로 인한 구원의 역사는 인간의 이성을 초월하는 은혜다. 위대하신 예수 그리스도, 나무에 달려 죽은 예수 그리스도, 십자가의 저주 아래 죽은 나사렛 예수를 믿기만 하면 구원에 이른다는 단순한 복음, 사람들에게는 어리석고 미련하게 보이는 이 십자가의 복음이 바로 구원에 이르는 유일한 수단이다. 유일한 은총이며, 하나님의 능력이다.

> 내가 복음을 부끄러워하지 아니하노니 이 복음은 모든 믿는 자에게 구원을 주시는 하나님의 능력이 됨이라 먼저는 유대인에게요 그리고 헬라인에게로다 롬 1:16

복음은 인생의 모든 문제를 해결하신 예수 그리스도의 위대하신 십자가의 승리이다. 복음을 믿는 자는 위대한 은총을 받은 자이다. 자신의 죄를 고백하고 믿음으로 그리스도를 받아들이게 된다. 인간의 지식이나 능력으로 믿게 되는 것이 아니다. 모든 믿는 자에게 구원을 주시는 하나님의 능력이다. 그러므로 복음은 누구에게든 차별이 없다.

그리스도의 구원은 최고의 은혜를 누리게 한다. 복음으로 말미암은 하나님의 은혜와 사랑은 신묘막측하다. 그래서 복음을 묵상하면 가슴 울리는 감격과 감동이 있다. 지금 하나님의 열정적인 사랑을 깨닫고 누린다면 그 인생은 최고로 성공한 인생이다. 최고의 복을 받은 것이다. 하나님께서 복 주시기로 작정하고 부르신 은혜이다.

예수 그리스도의 십자가의 승리는 단지 영혼 구원에만 국한되지 않는다. 삶의 모든 문제를 해결하신 예수 그리스도의 십자가 승리이기에 삶의 모든 영역에까지 미친다. 영혼 구원만이 아니라 전 생애를 구원하시는 하나님의 능력이다.

사랑하는 자여 네 영혼이 잘됨 같이 네가 범사에 잘되고 강건하기를 내가 간구하노라 요삼 1:2

예수 그리스도의 십자가 은혜로 영혼이 구원을 얻을 뿐만 아니라 우리 삶의 모든 영역에까지 하나님의 은혜가 넘치게 된다.

그러므로 이제 그리스도 예수 안에 있는 자에게는 결코 정죄함이 없나니 롬 8:1

예수 그리스도의 십자가의 승리로 인해 얻게 된 구원은 누구도 막을 수 없다. 사탄은 이미 십자가에 달리신 예수 그리스도로 인해 완전히 패배했으며 주님은 우리에게 완전한 승리를 주셨다. 이 승리는 알파와 오메가 되신 하나님의 아들, 성자 예수로 말미암은 절대적인 승리이기에 그것을 '복음의 절대 능력'이라고 부른다.

우리가 알거니와 우리의 옛 사람이 예수와 함께 십자가에 못

박힌 것은 죄의 몸이 죽어 다시는 우리가 죄에게 종 노릇 하지 아니하려 함이니 롬 6:6

예수 그리스도의 십자가의 능력은 죄로 인해 죽을 우리를 다시는 죄에게 종노릇하지 않도록 하셨다. 뿐만 아니라 예수 그리스도의 이름만으로도 자유와 해방과 치유의 역사를 일으키게 하셨다.

교황 이노센트 4세와 스콜라 신학의 대가 토마스 아퀴나스가 교황청 입구에서 대화를 나누고 있었다. 때마침 유럽 각 교회로부터 헌금 꾸러미들이 도착했다.

이를 보고 있던 교황 이노센트 4세가 얘기했다.

"초대 교회 때에 베드로 사도께서는 은과 금은 내게 없다고 말씀하셨는데 요즘 교회는 하나님의 은혜로 금은보화가 넘치고 있답니다."

그러자 토마스 아퀴나스가 대답했다.

"그 대신 교회는 성전 미문에서 구걸하던 앉은뱅이 걸인을 일으켜 세울 수 있는 나사렛 예수 이름의 권능을 잃어 버렸군요."

소금이 만일 그 맛을 잃으면 아무 쓸데없어 밖에 버려져 사람에게 밟히듯, 교회 역시도 교회의 역할과 교회만의 맛을 내야 한다. 세상의 은과 금이 나사렛 예수 그리스도의 이름의 능력과 권세를 대변할 수는 없지 않겠는가. 교회는 세상이 가질 수 없는 위대함이 있고 세상과는 비교할 수 없는 초월적인 능력이 있다. 예수 그리스도의 십자가의 복음이며, 복음에는 하나님의 절대적인 능력이 나타난다.

베드로와 요한은 제구시 기도 시간에 성전에 올라갔다. 늘 성전 미문에 앉아서 구걸하던 앉은뱅이는 무엇을 얻을까 하며 그들을 바라보았다. 그 순간 성령께서 베드로와 요한을 통해 예수 그리스도의 복음의 능력을 나타내셨다.

> 베드로가 이르되 은과 금은 내게 없거니와 내게 있는 이것을 네게 주노니 나사렛 예수 그리스도의 이름으로 일어나 걸으라 하고 행 3:6

사도 베드로가 앉은뱅이에게 선포한 말씀은 읽기만 해도 전율이 흐른다. "나사렛 예수 그리스도의 이름으로!" 이 말씀을 대할 때마다 살이 떨리는 듯하다. 이 사건은 나사렛 예수 그리스도의 이름의 능력과 권세를 목격하게 한다.

나사렛 예수 그리스도를 아는가? 주 예수의 이름과 능력과 권세를 아는가? 호세아 4장 6절은 하나님의 백성이 하나님을 아는 지식이 없어서 망한다고 말씀한다. 예수를 믿는다고 하면서도 나사렛 예수 그리스도의 이름의 능력과 권세를 깨닫지 못한다면 진정한 복음의 기쁨을 맛볼 수 없을 것이며 또한 삶의 변화도 일어나지 않는다.

성전 미문에 있던 앉은뱅이에게 어떤 변화가 일어났는가? 화석처럼 굳어 있던 두 다리의 뼈와 살이 회복되고 정상이 되었다. 예수 그리스도의 이름의 능력과 권세가 일으킨 변화다. 예수 그리스도의 이름의 능력과 권세가 내 삶에 어떤 변화를 일으켰는가?

우리는 누군가에게 복음을 전하려 할 때 잊을 수 없는 나의 변화, 나를 찾아오신 그리스도의 거부할 수 없는 은혜를 수도 없이 말하게 된다. 예수 그리스도의 이름의 능력과 권세를 경험했기 때문이다.

> 예수께서 온 갈릴리에 두루 다니사 그들의 회당에서 가르치시며 천국 복음을 전파하시며 백성 중의 모든 병과 모든 약한 것을 고치시니 그의 소문이 온 수리아에 퍼진지라 사람들이 모든 앓는 자 곧 각종 병에 걸려서 고통 당하는 자, 귀신 들린 자, 간질하는 자, 중풍병자들을 데려오니 그들을 고치시더라 마 4:23-24

수많은 병든 자들이 예수께 왔을 때 그들은 치유함을 받았다. 눈먼 자, 귀신 들린 자, 각종 질병에 걸린 자, 정신적 육체적으로 고통당하는 자들의 삶이 회복되었다. 예수 그리스도의 위대한 복음이 능력이다. 복음의 능력은 자유와 해방, 치유, 회복을 선포하는 권세이다.

예수 그리스도의 최고의 절정은 십자가에 있다. 하나님이 세상을 이처럼 사랑하사 독생자 예수 그리스도를 십자가에 전부 내어주신 복음, 이 십자가의 복음이 능력이고 권세이다. 복음이 선포되는 곳에는 복음의 능력이 나타난다. 복음은 위대한 능력으로 이 시대를 변화시킨다. 복음은 강력한 역사로 인생을 역전시킨다. 죄인이 의인으로 변화되며 죽을 인생이 영원한 생명을 누리게 된다.

그러므로 이제 예수 그리스도의 구원의 은총과 은혜에 젖어든 사람들은 자신의 구원의 감격에만 머물지 않는다. 생명을 주시되 더 풍성히 주시는 하나님의 은혜를 전하기 위해 세상 끝까지 가게 된다. 복음을 누리는 자들은 그 위대한 사랑 때문에 눈물 젖은 그리스도의 복음을 전파하지 않고는 견딜 수 없는 열정을 품게 된다. 예수 그리스도의 영으로 충만한 복음의 증인이 되어 목숨까지 아낌없이 바치게 된다. 그 사랑에 빠진 사람들에 의해 복음은 강인한 생명력으로 무한히 뻗어간다. 하나님의 사랑을 입은 자들은 하나님의 은총과 은혜를 노래할 수밖에 없다. 그러므로 이 땅의 모든 교회들의 사명은 복음의 능력을 드러내는 것이다. 그 능력이 절대적임을 드러내는 것이다.

누가 우리를 그리스도의 사랑에서 끊으리요 환난이나 곤고나 박해나 기근이나 적신이나 위험이나 칼이랴 기록된 바 우리가 종일 주를 위하여 죽임을 당하게 되며 도살 당할 양 같이 여김을 받았나이다 함과 같으니라 그러나 이 모든 일에 우리를 사랑하시는 이로 말미암아 우리가 넉넉히 이기느니라 내가 확신하노니 사망이나 생명이나 천사들이나 권세자들이나 현재 일이나 장래 일이나 능력이나 높음이나 깊음이나 다른 어떤 피조물이라도 우리를 우리 주 그리스도 예수 안에 있는 하나님의 사랑에서 끊을 수 없으리라 롬 8:35-39

두날개운동에는 핵심적인 세 가지 요소가 있다. 첫째는 복음의 절대적인 능력을 회복하는 것이며, 둘째는 제자 삼는 세계 비전을 이루는 것이고, 셋째는 하나님이 디자인하신 건강한 교회를 회복하는 것이다.

복음의 절대 능력은 성경의 위대한 가치이며 하나님의 절대 주권을 완전하게 인정하는 통치적 개념이다. 복음이 선포되는 어느 곳이든, 복음에는 하나님의 절대적인 능력이 나타난다.

복음의 문은 누구에게든 열려 있다. 전 세계, 모든 피부색을 가진 사람들, 모든 나라 모든 민족에게 열려 있다. 온 세상, 모든 시대를 포함하여 하나님의 복음은 우주적인 범위를 넘어 모든 이에게 주시는 하나님의 능력이다. 가난과 싸우고, 질병과 싸우고, 인생의 모든 문제로 갈등하고 방황하는 이들에게 하나님의 복음은 절대적인 능력을 드러내신다. 믿는 자에게 주시는 하나님의 무한한 사랑이며 은혜이며 긍휼이다.

복음의 절대 능력을 누려라

주의 성령이 내게 임하셨으니 이는 가난한 자에게 복음을 전하게 하시려고 내게 기름을 부으시고 나를 보내사 포로 된 자에게 자유를, 눈 먼 자에게 다시 보게 함을 전파하며 눌린 자를 자유롭게 하고 주의 은혜의 해를 전파하게 하려 하심이라 하였더라 눅 4:18-19

복음에 관하여 아는 것과 복음 자체를 아는 것과는 다르다. 복음에 관하여 얼마든지 토론할 수 있고 설득할 수 있고 의미를 전달할 수도 있다. 하지만 자신이 하나님 앞에 죄인임을 깨닫고 자신이 얼마나 소망 없는 인간인가를 아는 것은 십자가의 복음뿐이다. 자신의 영적 가난함과 눈멀고, 포로 되어 자유하지 못하는 갇힌 자임을 깨닫게 하는 것은 복음뿐이다.

성경에서 '가난한 자'는 영적으로 가난한 자다. 사람은 하나님을 떠나서는 살 수 없는 존재이다. 하나님 없는 인생은 곤고하고 허기질 수밖에 없다. 성령이 그 마음에 임재하지 않으시므로 영적으로 곤고한 상태다. 영적으로 가난하다고 해서 세상에서 성공하지 못하는 것은 아니다. 영적으로 가난한 것과 환경적으로 가난한 것은 차원이 다르다. 영적으로 가난하면 하나님의 부유하심과 풍성하심을 누리지 못한다. 복음이 없는 사람은 모두 영적 가난뱅이다. 영혼의 곤고함으로 영혼의 자유가 없다.

'포로 된 자'는 죄의 세력과 육신의 욕구에 얽매여 있는 상태다. 악한 습관에 빠져 있어도 벗어나지 못한다. 세상과 세속에 얽매인 사람들은 숱하게 많다. 자신의 가치나 사명도 모른 채 자신을 학대하고 비관스런 인생을 사는 이들을 볼 때마다 참 안타깝다. 복음은 이러한 포로 된 자를 자유하게 하는 능력이다.

'눈먼 자'는 영적인 눈이 먼 사람을 말한다. 영적 감각이 없으므로 영적 세계를 누리지 못할 뿐만 아니라 영적인 귀가 닫혀 있으면 성령의 음성을 듣지 못한다. 영적으로 벙어리 된 자도 마찬가지다. 영적 불구자는 말씀의 통치를 받지 못하므로 하나님의 은혜를 누리지도 못하고 감사하지도 못한다.

'눌린 자'는 영적, 심적, 육체적으로 눌린 자를 의미한다. 예수 그리스도의 은혜는 복음으로 영적 자유를 누리게 한다. 주의 은혜의 해는 영적 희년을 선포하게 한다. 복음은 사탄의 권세와 능력을 깨트린 예수 그리스도의 십자가의 위대한 승리다. 복음은 믿는 자들에게 구원을 주시는 하나님의 절대적인 능력이다.

교회 안에도 복음을 믿고 있지만 복음을 누리지 못하는 교인들이 많다. 복음을 윤리나 도덕의 규범, 종교나 철학 정도로만 생각하기 때문이다. 복음은 인간의 차원을 뛰어넘는 하나님의 사랑이며 구원하는 능력임을 알아야 한다. 그러므로 복음을 전하는 자들은 도처에서 복음의 능력을 드러내며 복음의 위대한 역사들을 나타내야 한다. 신앙생활의 절정은 복음의 능력을 누리는 것이다. 역동적인 사역은 예수 그리스도의 십자가의 완전한 복음을 선포함으로 그 능력을 나타내는 것이다. 십자가에서 이루신 하나님의 완전한 사랑과 은혜는 우리의 연약한 심령을 사로잡아 그리스도께 복종하게 한다.

복음은 기독교의 정수이며 절대적인 하나님의 능력이다. 그러므로 하나님의 능력을 드러내는 나 자신이 바로 복음의 도구가 된다. 복음으로 무장된 나의 삶을 통해 세상 사람들은 하나님의 사랑을 본다. 능력의 삶과 사역을 통해 살아계신 하나님을 경험하게 되는 것이다. 따라서 복음은 나를 통해 전해진다.

복음의 절대 능력은 두날개운동의 가장 중요한 핵심 요소다. 주님의 제자들은 복음 중심적인 삶을 살았다. 복음이 충만한 제자가 성숙한 제자이다. 복음은 죄인뿐만 아니라 제자들을 위한 것이다. 주님의 제자는 삶의 철학을 배우는 제자가 아니라 전도제자이다. 주님의 제자는 복음을 전하는 전도제자이다. 십자가에서 피 흘리시며 과거, 현재, 미래의 모든 죄와 인생의 온갖 문제들을 다 짊어지시고 나를 대신하여 십자가에 못 박혀 죽으심으로 "다 이루었다"(Τετέλεσται,테텔레스타이)라고 하신 십자가의 복음, 이 복음을 전하는 제자가 바로 주님의 제자이며, 두날개로 날아오르는 건강한 교회의 건강한 성도이다.

주님은 부활하신 후, 사망 권세를 깨뜨리시고 마귀의 일을 완전히 멸하셨다. 아담 안에서 잃어버린 모든 축복을 회복시키셔서 우리에게 더 풍성한 삶으로 되돌려주셨다. 주님은 지금도 우리에게 필요한 모든 것을 공급하시며 때를 따라 돕는 은혜를 그치지 않으신다. 두날개는 복음으로 영적 희년을 선포한다. 두날개는 복음을 전하고 선교하는 전도제자를 목표로 평신도를 양육하고 훈련한다. 주님은 복음을 전하고 선교하기 위해 제자들을 세우셨다.

주님은 제자들이 이 위대한 복음을 온 땅에 전파하는 것을 참으로 기뻐하셨다. 그래서 제자들이 복음을 전할 때 성령께서 절대적인 능력을 드러내 보이셨다. 주 예수 그리스도께서 인간의 모든 죄를 담당하시고 십자가에서 승리하신 복음, 하나님께 마땅히 심판받아야 할 죄인들에게 용서를 선언한 복음은 영적 대혁명이다.

그리스도인이 복을 받는 중요한 원리가 복음 안에 있고, 행복한 신앙생활의 원리도 복음 안에 있다. 복음을 가진 사람이 모든 것을 가진 자이다. 복음을 깨닫는 사람이 최고의 복을 받았다. 복음을 누리는 사람이 가장 행복하다. 이 위대한 복음을 마음껏 누려라.

얼마 전, 일본 열도를 휩쓸고 간 무시무시한 쓰나미를 보았다. 눈앞에 다가오는 자연재해만이 쓰나미가 아니다. 인생에도 무작정 덮치는 쓰나미가 있다. 알 수 없는 미래의 산재한 사건들이 언제 우리 인생을 가르는 지진으로 등장할지 모른다. 우리가 잠든 후, 다음 날 아침에 눈을 뜰지에 대한 보장도 없다. 내일은 하나님이 지켜주셔야 내일을 살아갈 수 있다. 내일은 하나님의 시간이기 때문이다. 복음을 품고 복음을 누리는 삶이 사는 길이다. 문제 많은 인생의 대답은 예수 그리스도의 복음뿐이다. 복음은 어둠에서 빛으로, 사망에서 생명으로 옮겨진다. 불행이 행복으로, 두려움은 평안으로, 심판은 기쁨으로, 형벌은 축복으로, 지옥에서 천국으로 옮겨지는 위대한 소식이다.

> 내가 진실로 진실로 너희에게 이르노니 내 말을 듣고 또 나 보내신 이를 믿는 자는 영생을 얻었고 심판에 이르지 아니하나니 사망에서 생명으로 옮겼느니라 요 5:24

사람들은 복음을 윤리와 도덕의 규범 정도로만 생각하거나 학문의 대상으로만 여긴다. 또한 사회적 개혁 원리나 철학 같은 사상으로 간주하거나 샤머니즘 정도로 오해하고 있다. 복음은 예수 그리스도의 생명이고, 예수 그리스도의 권세인 복음은 구원을 주시는 하나님의 능력이고 마귀의 일을 멸하신 예수 그리스도의 승리다.

> 하나님이 세상을 이처럼 사랑하사 독생자를 주셨으니 이는 그를 믿는 자마다 멸망하지 않고 영생을 얻게 하려 하심이라 요 3:16

독생자, 하나님의 아들 예수 그리스도를 믿는 자만이 멸망치 않는다. 하나님의 아들을 믿는 자는 죽음에서 생명으로 옮겨져 영원히 죽지 않는 영생을 누리게 된다.

> 예수께서 이르시되 나는 부활이요 생명이니 나를 믿는 자는 죽어도 살겠고 무릇 살아서 나를 믿는 자는 영원히 죽지 아니하리니 이것을 네가 믿느냐 요 11:25-26

하늘 영광을 버리시고 낮고 천한 이 땅에 오셔서 자신을 희생하신 예수 그리스도, 인류의 죄를 대신하여 죽으신 십자가에 대한 이해 없이는 예수 그리스도를 따르는 삶은 불가능하다. 마찬가지로 예수 그리스도의 부활에 대한 믿음이 없이는 결코 주님을 따를 수 없다. 그리스도인의 영적인 삶은 십자가를 체험하고 십자가를 지고 주님을 따름과 동시에 그의 부활에 참예하는 것이다. 예수 그리스도와 연합한 자는 십자가의 죽음과 동시에 부활에 연합한 자가 된다.

만일 우리가 그의 죽으심과 같은 모양으로 연합한 자가 되었으면 또한 그의 부활과 같은 모양으로 연합한 자도 되리라 롬 6:5

예수 그리스도의 복음

하나님의 아들 예수 그리스도의 복음의 시작이라 **막 1:1**

예수 그리스도의 삶과 죽음, 그리고 부활과 승천 사건이 없었더라면 우리 죄인은 하나님의 진노로 지옥으로 떨어져야만 했다. 제자들은 부활하신 주님을 목격하였고, 예수가 그리스도이시고 하나님의 아들이라는 사실을 온 천하에 알리기 시작했다. 그때부터 제자들은 완전히 복음 중심의 제자들로 변화되었다. 복음은 진정한 제자들로 거듭나게 했다. 제자들은 생명을 바쳐 외쳤다. 예수께서 십자가에서 우리의 죄를 대신하여 죽으시고 죽음에서 부활하여 영생을 얻게 하신 이 위대한 소식, 예수 그리스도를 구주로 믿고 입으로 고백하기만 하면 구원 받고 하나님을 아버지로 모시고 영생을 누리게 되는 이 위대한 복음은 결코 값싼 복음이 아니다.

이 복음은 제자들이 생명을 바쳐 전한 하늘의 비밀이었다. 제자들의 사명은 복음 전파였고, 제자들은 자신의 사명을 위해 목숨을 바쳤다. 사람을 변화시키고 새로운 정체성을 얻게 하는 위대한 복음이다. 그러므로 예수 그리스도의 복음은 모든 장소, 모든 사람들에게 전달되어야 한다. 예수 그리스도의 복음을 통한 하나님의 사랑이 모든 인류와 모든 세대에게 전파될 것을 확신한다.

복음을 제대로 전달하려면 언어 소통이 있어야 하고 또한 시대에 알맞게 적절한 상황 속에 전달되어야 할 것이다. 그럼에도 복음은 시대와 상황을 초월하여 강력한 능력으로 영적으로 죽은 자들을 살아나게 한다. 인생의 짐을 진 자들이 복음을 통해 예수 그리스도의 십자가의 승리를 누리게 된다.

복음은 사람들에게 전인격적인 반응을 요구하기 때문에 진지하게 복음을 받아들이는 사람은 복음 앞에 무릎을 꿇게 된다. 복음은 절대적인 능력이다. 복음을 믿는 사람은 자신의 죄성을 인정하고 하나님 앞에 자신의 부끄러움을 깨닫고 회개함으로 하나님과의 관계를 회복한다. 그래서 자신의 정체성을 복음 위에 세우게 되고 예수 그리스도와의 삶을 시작하게 된다.

하나님의 아들 예수 그리스도의 복음의 시작이라 막 1:1

예수 그리스도는 복음의 시작이다. 창세기부터 요한계시록까지 성경의 수많은 사건과 인물들의 중심은 하나님과 하나님의 아들에 있다. 온 우주를 창조하시고 온 우주를 통치하시는 전능하신 하나님과, 그리고 그의 백성에 관한 이야기들의 중심에는 예수 그리스도가 있다. 성경은 우리의 이성을 넘어 엄청난 깊이와 넓이와 권능으로 예수 그리스도의 복음을 소개한다.

예수 그리스도의 위대한 복음은 아브라함의 복이 이방인에게 미치게 하고 이방인인 우리도 믿음으로 성령을 약속받게 했다. 예수 그리스도의 복음은 이방인인 우리에게까지 아브라함의 복을 받게 하셨다.

> 이는 그리스도 예수 안에서 아브라함의 복이 이방인에게 미치게 하고 또 우리로 하여금 믿음으로 말미암아 성령의 약속을 받게 하려 함이라 갈 3:14

이 위대한 복음은 성령의 역사로 나타난다. 누구든지 회개하고 예수 그리스도를 마음에 영접하면 성령이 내주하게 되며 그분의 통치를 받게 된다. 성령의 지배를 받는 것이 바로 하나님의 소유된 백성이라는 증표다.

베드로가 이르되 너희가 회개하여 각각 예수 그리스도의 이름으로 세례를 받고 죄 사함을 받으라 그리하면 성령의 선물을 받으리니 행 2:38

복음의 능력은 성령으로 말미암아 하나님의 능력이 각 사람들 마음에 강력하게 통치하는 것이다. 복음은 하나님의 진노 아래 있는 인간을 구원하시는 하나님의 절대적인 능력이다. 예수 그리스도의 복음을 믿지 않고 인정하지도 않는 피조물에게는 하나님의 무서운 심판이 기다린다. 그 심판을 피할 사람은 아무도 없다.

하나님의 집에서 심판을 시작할 때가 되었나니 만일 우리에게 먼저 하면 하나님의 복음을 순종하지 아니하는 자들의 그 마지막은 어떠하며 벧전 4:17

그를 믿는 자는 심판을 받지 아니하는 것이요 믿지 아니하는 자는 하나님의 독생자의 이름을 믿지 아니하므로 벌써 심판을 받은 것이니라 요 3:18

예수 그리스도를 믿는 자는 심판 받지 않고 또한 하나님의 무한한 은혜로 인해 구원에 이른다. 사람은 본래 진리를 거부하고 자기 마음대로 살기를 원한다. 인생의 주인이 자기 자신임을 과시하면서 하나님을 거부하는 악행을 저지르며 살아왔다. 그런 사람이 복음을 받아들이면서 하나님을 알게 되고 은혜의 지배 아래 살게 되는 것이다.

> 죄가 너희를 주장하지 못하리니 이는 너희가 법 아래에 있지 아니하고 은혜 아래에 있음이라 롬 6:14

예수 그리스도 안에 있는 자는 죄의 지배를 받는 것이 아니라 하나님의 은혜의 지배를 받으며 하나님의 자녀로 새롭게 태어난다. 인생의 과거, 현재, 미래의 운명을 결정하는 굴레나 속박에서 완전히 벗어나 구원을 이루게 한다. 영원한 사망과 정죄 아래 묶여 있던 인생이 하나님의 영광스런 자녀로 거듭나서 그리스도 예수 안에서 새 인생을 산다.

초대 교회 사도들이 예수 그리스도의 부활의 복음을 전할 때 어떤 일이 일어났는가. 모든 종교나 신화, 철학이 예수 이름 앞에 무릎을 꿇었다. 십자가에서 죽으시고 다시 사신 예수 그리스도, 위대하신 부활의 복음이 선포되는 곳에는 하나님의 절대적인 능력이 나타났다.

하늘에 있는 자들과 땅에 있는 자들과 땅 아래에 있는 자들로 모든 무릎을 예수의 이름에 꿇게 하시고 모든 입으로 예수 그리스도를 주라 시인하여 하나님 아버지께 영광을 돌리게 하셨느니라 빌 2:10-11

초대 교회가 시작되었을 때, 사도들과 수많은 제자들은 오로지 예수가 그리스도이심을 전파하며 그의 이름으로 능력을 행했다. 복음이 전해진 도시에 성령의 임재와 능력이 나타났고 불같이 바람같이 강력한 성령의 역사가 교회에 충만했다. 예수 그리스도로 말미암아 위대한 영적 세계가 열렸으며, 그 세계는 세상의 그 어떤 지식과도 비교할 수 없는 하늘의 지식과 지혜로 가득했다. 또한 사도들에게는 비교할 수 없는 초월적인 사랑과 그 어떤 종교 지도자들과는 다른 거룩한 삶과 경건의 능력이 있었다. 복음을 위해 목숨을 바치는 그들의 삶을 보고 세상의 세력들이 무릎을 꿇었다. 진정으로 복음의 능력을 누리는 자들의 모습을 보았기 때문이다.

하나님이 디자인하신 초대 교회는 주 예수 그리스도의 능력과 성령의 기름 부으심이 충만한 교회였다. 예수 그리스도의 위대한 말씀과 그 깊은 영적 능력은 제자들에게도 충만했다. 세월이 흐르고 시대가 바뀌었지만 지금도 주 예수 그리스도의 영으로 충만할 때 하나님의 능력은 시공간을 초월하여 나타난다.

부활하신 예수 그리스도의 이름만으로도 하나님의 나라는 이 땅 위에 무한히 확장되었다. 지금도 복음은 성령의 능력으로 온 세상에 전파되고 있다.

> 예수께서 모든 도시와 마을에 두루 다니사 그들의 회당에서 가르치시며 천국 복음을 전파하시며 모든 병과 모든 약한 것을 고치시니라 마 9:35

희석된 복음

다른 복음은 없나니 다만 어떤 사람들이 너희를 교란하여 그리스도의 복음을 변하게 하려 함이라 **갈 1:7**

중세 암흑기 계몽주의 시대가 지나면서 기독교는 화려하게 꽃을 피웠지만 서구의 자연과학주의, 합리주의, 이성주의, 지성 중심의 사상이 신학에 유입되면서 인본주의와 결합된 신학 사상들이 난립하기 시작했다.

인본주의적 사상과 타협하면서 주 예수 그리스도의 복음을 희석시켰고 인간의 이성과 능력을 중시하면서 전능하신 하나님의 실존과 능력을 부인하게 되었다. 결국 인간의 이성으로는 이해할 수 없는 성경의 초자연적인 내용들을 신화로 취급했으며 성경의 내용들을 인간의 이성이나 감정, 경험으로 해석하고 자신들의 기준에 맞지 않는 것들은 비판하고 부인했다. 그 결과 주 예수 그리스도의 말씀의 능력을 부인하고 축소한 것이다.

태초에 말씀이 계시니라 이 말씀이 하나님과 함께 계셨으니 이 말씀은 곧 하나님이시니라 요 1:1

아브라함과 이삭과 야곱의 하나님은 온 천지를 말씀 한 마디로 창조하시고 말씀 한 마디로 복종케 하신 분이다. 그러나 그 말씀을 하나님의 말씀으로 믿지 않고 말씀의 역사조차도 신화로 만들고 있다. 인본주의자들은 하나님의 말씀을 기록된 그대로 믿지 않고 따르지도 않으면서 인간적인 방법으로 하나님의 역사와 능력을 축소하고 부정했다.

그들은 하나님의 말씀이 인간의 역사를 다스리시고, 그 말씀이 이 땅에 그대로 성취되는 역사를 보면서도 말씀의 능력을 부인했다. 그것이 하나님의 절대 주권을 인정하지 않는 인본적인 사상이며, 복음을 희석시키고 변종시키는 혼합된 세속 종교나 다름없다.

왜 유럽의 교회들이 문을 닫고 신앙을 저버리게 되었는가? 이런 세속화된 인간 중심사상이 교회 안에서 난립하고 있었기 때문이다. 성경은 이성적으로 분석하고 논리적으로 따진다고 해서 하나님을 알게 되는 것이 아니라고 가르친다. 물론 지성을 통해 삼위일체 하나님을 깨달아야 한다. 그러나 하나님의 말씀을 그대로 믿지 않으면 삶이 변화되지 않을 뿐더러 인간 중심의 지식만을 축적하게 된다.

예수 그리스도의 말씀은 비판의 대상이 아니라 믿고 순종해야 할 하나님의 명령이며 약속이다. 하나님께서 하신 말씀은 그대로 믿어야 한다. 그것이 창조주를 대하는 피조물의 진정한 자세다.

예수 그리스도의 복음이 합리적이고 논리적으로 딱 들어맞기 때문에 믿는 것이 아니다. 예수 그리스도의 말씀은 모든 인류가 따르며 순종해야 할 삶의 원칙이기 때문이다. 예수 그리스도 안에 있고 생명의 성령의 법을 따르는 자는 성령께서 '예수님은 나의 그리스도시요, 구원자요, 주님이요, 살아계신 하나님'으로 믿고 고백하게 하신다.

사람들은 종종 말하기를, 자신들도 선을 행하며 죄짓지 않고 사는데 굳이 예수를 믿어야 하는 이유를 모르겠다고 한다. 그러나 이 세상 사람들은 예수 그리스도가 없는 선행은 선이 아니라 악이라는 것을 모른다. 하나님이 없는 선은 악이며 자기 의이며, 자기 자랑이며 위선이라는 것을 모른다. 하나님을 믿지 않는 인간의 삶에는 선이라는 것이 없다. 악행이며 결국 저주와 심판이 있을 뿐이다.

이 세상은 사람이 중심이 아니라 하나님이 중심이고, 역사는 인간의 역사가 아니라 하나님의 역사임을 알아야 한다. 사사기에도 나타나지만 대부분의 사람들은 하나님이 중심이 되는 사회를 싫어했다. 보이지 않는 하나님의 통치를 거부하고 보이는 왕을 세워 달라고 요구했다. 그들은 하나님의 뜻대로가 아니라 인간이 중심이 되고 존중받으며 다수의 뜻이 이루어지는 인간 중심 사회를 요구했다. 하나님마저도 인간 중심 세계 안에서 인간을 돕는 도우미로 존재하기를 원했던 것이다.

이러한 휴머니즘적인 이방 종교 사상은 굉장히 인간적이어서 깊은 감동을 주는 듯하다. 인간 중심적 사고는 인간을 최고로 생각하기에 하나님도 인간을 위해서 존재하는 분으로 착각하게 한다.

인간은 인간을 위해 존재하는 하나님을 원한다. 하지만 이런 인간 중심의 사상은 '나 외에 다른 신을 만들지 말라'고 경고하신 유일하신 하나님의 통치관과는 대치된다. 유일하신 하나님이 최고라는 세계관과 인간이 최고라는 세계관이 대립되는 개념이다. 이런 인간 중심의 세계에서 벗어나 하나님만이 유일하신 왕이시고, 그의 아들 예수가 내 인생의 그리스도시며 주님이심을 인정하는 것이 하나님 나라 가치관이다. 진정한 그리스도인은 인간 중심의 사상과 가치 체계가 하나님 중심으로 변화해야 한다. 하나님의 말씀을 그대로 믿고 따르는 것이 축복이다.

구원의 역동성은 아무런 조건 없이 나를 부르시는 하나님의 은혜와 사랑에 감격하며 그 영원한 생명의 기쁨을 한 평생 누리게 한다. 복음의 절대 능력은 한 평생 우리 인생을 행복한 삶으로 초대한다. 우리의 미래는 완전히 보장되고 절대 취소될 수 없는 기쁨과 영광된 삶을 보장 받는다. 복음이 절대적인 능력이기 때문이다.

구원은 절대 취소될 수 없다. 하나님은 구원하신 자녀들을 절대 포기하지 않으시며 그 위대한 구원의 방향을 돌이키지 않으신다. 하나님의 구원은 누구도 부정할 수 없는 절대적인 능력으로 이루어졌다. 우리에게 이루신 하나님의 구원은 절대 취소되지 않는다. 구원의 은혜는 결코 나 홀로 사는 것이 아니라 내 안에 그리스도가 있고, 그리스도 안에 내가 있게 되는 위대한 사건이다.

복음의 능력은 예수 그리스도를 인격적으로 만나게 하고 나의 인격을 변화시킨다. 내 죄를 대속하신 예수 그리스도를 믿게 하는 하나님의 능력이다. 인간 중심의 삶에서 벗어나 하나님이 중심이 되는 세계 안으로 들어올 수 있다는 것이 내 인생의 기적이며 세상에서 구원 받은 은혜다.

복음의 목적은 선한 사람을 만드는 것이 아니다. 복음 안에 감춰진 예수 그리스도가 내 인생의 목적이고 주인이심을 알고 믿고 누리는 것이다. 복음의 능력은 갚을 수 없는 십자가의 은혜를 깨닫게 한다. 날마다 그 구원의 은혜에 보답하는 삶을 살며, 삶의 곳곳에 하나님의 살아계신 증거들이 나타나는 능력을 보게 한다.

그 어떤 것들도 우리가 주님이 계신 그곳에 함께 있게 될 것을 방해할 수 없다. 복음의 절대 능력을 통해 더 깊은 영적 세계 안으로 들어갈 때 우리는 하나님의 위대한 사랑에 울게 된다.

복음을 제대로 알고 누릴 때 성도는 성도다워진다. 완전한 복음을 내 삶에서 누릴 때 신앙은 성장한다. 하지만 희석된 복음은 영적 성장을 막는다. 희석된 복음은 세속화시킨다.

두날개운동은 복음의 절대 능력을 회복할 것을 강조한다. 두날개교회들은 소그룹에서 함께 기도하며 복음의 능력을 나타내시는 하나님을 경험한다. 복음이 선포될 때, 성령께서 강력하게 역사하신다. 희석된 복음이 아니라 순수한 복음의 능력은 우리에게 주신 측량할 수 없는 하나님의 사랑을 확신하게 하신다.

예수 그리스도는 인간의 지성으로 판단하고 분석하는 대상이 아니시다. 그분은 나의 눈높이에 맞추기 위해 이 땅에 오신 하나님이시자, 또한 사람이시다. 하나님은 전인격으로 다가오신 예수 그리스도를 내 삶의 주인으로 모시고 그와 더불어 영원히 살기를 원하신다. 예수 그리스도는 인류에게 주신 임마누엘의 축복이시다.

예수님의 말씀을 믿음으로 받고 그 말씀에 순종함으로 내 삶을 변화시켜야 한다. 믿음 없던 나의 삶이 믿음의 삶으로 변화된 것은 성령의 능력뿐이다. 불순종의 영으로 충만하던 내 삶이 변화되어 순종의 삶이 된 것은 하나님의 특별한 은총 때문이다.

이전의 살던 삶이 아니라 강권하시는 그 사랑 때문에 변하여 새 사람이 된 것이다. 삶의 방향이 바뀌고, 목표가 달라졌다.

그리스도의 사랑이 우리를 강권하시는도다 우리가 생각하건대 한 사람이 모든 사람을 대신하여 죽었은즉 모든 사람이 죽은 것이라 그가 모든 사람을 대신하여 죽으심은 살아 있는 자들로 하여금 다시는 그들 자신을 위하여 살지 않고 오직 그들을 대신하여 죽었다가 다시 살아나신 이를 위하여 살게 하려 함이라 그러므로 우리가 이제부터는 어떤 사람도 육신을 따라 알지 아니하노라 비록 우리가 그리스도도 육신을 따라 알았으나 이제부터는 그같이 알지 아니하노라 그런즉 누구든지 그리스도 안에 있으면 새로운 피조물이라 이전 것은 지나갔으니 보라 새 것이 되었도다 고후 5:14-17

구원의 복음은 예수 그리스도의 진리의 말씀을 더 깊이 깨닫고, 더 충만하게 하며, 체험함으로 더 확실하고 더 정확하게 성령의 인도를 받게 한다. 예수 그리스도의 십자가의 도가 미련하게 보여도 하나님의 그 약속의 말씀은 예수 그리스도의 장성한 분량에 이르게 하는 하나님의 능력이다.

십자가의 도가 멸망하는 자들에게는 미련한 것이요 구원을 받는 우리에게는 하나님의 능력이라 고전 1:18

영적 대혁명

내가 달려갈 길과 주 예수께 받은 사명 곧 하나님의 은혜의 복음을 증언하는 일을 마치려 함에는 나의 생명조차 조금도 귀한 것으로 여기지 아니하노라 **행 20:24**

사도 바울은 로마의 성도들에게 복음, 즉 신령한 은사에 대해 전하기를 갈망했다. 사도 바울은 이전에 로마에 한 번도 가보지 않았을 뿐 아니라 본 적도 없던 로마에 있는 성도들에게 서신을 통해 그들에게 복음을 전하기 원했다.

내가 너희 보기를 간절히 원하는 것은 어떤 신령한 은사를 너희에게 나누어 주어 너희를 견고하게 하려 함이니 롬 1:11

그러므로 나는 할 수 있는 대로 로마에 있는 너희에게도 복음 전

하기를 원하노라 롬 1:15

바울이 전하고자 하는 어떤 신령한 은사는 바로 복음이었던 것이다. 이 은사를 나누고자 하는 목적은 로마에 있는 성도들에게 반드시 필요한 복음이었고, 이 복음의 능력만이 그들의 신앙을 견고히 할 수 있다는 것을 바울이 깨달았기 때문이다. 사도 바울이 말하는 복음이란 무엇인가?

내가 복음을 부끄러워하지 아니하노니 이 복음은 모든 믿는 자에게 구원을 주시는 하나님의 능력이 됨이라 먼저는 유대인에게요 그리고 헬라인에게로다 복음에는 하나님의 의가 나타나서 믿음으로 믿음에 이르게 하나니 기록된 바 오직 의인은 믿음으로 말미암아 살리라 함과 같으니라 롬 1:16-17

복음은 모든 믿는 자에게 구원을 주시는 하나님의 능력이다. 하나님의 의가 나타나서 믿음을 통해 믿음으로 나아가게 하며 오직 의인은 믿음으로 살게 된다는 복음의 능력을 사도 바울은 강력히 선포한다.

세상에 의인은 한 사람도 없고 모두 하나님 앞에 죄인이다. 하나님은 하나님의 영광을 위해 하나님의 형상을 닮은 사람을 창조하셨지만 사람은 감사치도 않고 하나님께 영광을 돌리기보다는 하나님을 대적하고 불순종하며 도리어 우상을 섬기고 하나님을 모독했다.

그런 타락한 죄인이 어떻게 하나님의 구원을 기대할 수 있겠는가. 하나님은 불행과 악을 자처하는 죄인을 부끄러움 가운데 내어버려두어야 하지 않은가. 그러면 결국 모든 인간은 불행과 저주 속에 하나님의 무서운 심판을 받게 될 것이다.

모든 사람이 죄를 범했다. 상상을 초월하는 죄를 지어 하나님의 영광을 가렸지만 하나님은 하나님의 아들 예수 그리스도 안에 있는 자, 예수 그리스도를 믿는 자에게는 인간이 지은 모든 죄를 없게 하시고 살 길을 여셨던 것이다.

모든 사람이 죄를 범하였으매 하나님의 영광에 이르지 못하더니 그리스도 예수 안에 있는 속량으로 말미암아 하나님의 은혜로 값없이 의롭다 하심을 얻은 자 되었느니라 이 예수를 하나님이 그의 피로써 믿음으로 말미암는 화목제물로 세우셨으니 이는 하나님께서 길이 참으시는 중에 전에 지은 죄를 간과하심으로 자기의 의로우심을 나타내려 하심이니 곧 이 때에 자기의 의로우심을 나타내사 자기도 의로우시며 또한 예수 믿는 자를 의롭다 하려 하심이라

롬 3:23-26

죽을 영혼이 살아난 영적 대혁명은 바로 이 복음 안에 있다. 예수 그리스도를 믿는 자에게는 결코 정죄함이 없다는 것이다. 예수님을 믿는 자에게는 하나님 아들의 의로움을 통해 그 죄인조차도 의롭게 하신다는 것이다.

그러므로 복음과 구원과 전도를 알면 영적 대혁명이 일어난다. 영원한 형벌로 죽어가던 영혼이 살아나 그리스도의 복음에 목숨을 걸게 되는 역사가 일어난다. 사도 바울은 복음을 위해 생명조차도 아까워하지 않았으며 그리스도를 아는 지식이 가장 고상하여 자신이 전에 중요하게 여기던 모든 것을 배설물로 여겼다고 고백한 까닭이 여기에 있다.

그러나 무엇이든지 내게 유익하던 것을 내가 그리스도를 위하여 다 해로 여길뿐더러 또한 모든 것을 해로 여김은 내 주 그리스도 예수를 아는 지식이 가장 고상하기 때문이라 내가 그를 위하여 모든 것을 잃어버리고 배설물로 여김은 그리스도를 얻고 빌 3:7-8

사도 바울은 다메섹에서 예수 그리스도를 만난 후, 인생의 대역전이 일어났으며 예수 그리스도의 복음을 알고 난 후, 영적 대혁명이 일어났다. 복음은 자신의 진정한 사명을 깨닫게 하고 말씀의 능력에 사로잡혀 새로운 인생을 살게 한다. 하나님의 은혜와 그 능력을 누리지 못하는 복음은 복음이 아니다. 또한 복음과 무관한 신학 공부는 지식에 불과하다. 구원 받는 하나님의 자녀들이 해야 할 사명은 복음을 믿고 누리며 전하는 것이다. 성경적 지식을 습득하는 것보다 우선되어야 할 것은 복음의 위대함을 경험하고 복음의 가치를 알고 그 복음을 선포하는 것이다. 복음을 선포하면 성령께서 도우신다. 복음을 선포한다는 것은 성령의 인도하심을 따라 예수 그리스도께서 십자가에서 성취하신 모든 것을 사람들에게 알리는 것이다. 또한 인생의 문제에 빠진 사람들을 돕는 것이고, 사탄의 세력에 사로잡힌 이들을 예수 그리스도의 이름의 권능으로 건져내는 것이며 복음으로 풍성한 삶을 살도록 사람들을 돕는 것이다. 그러므로 단순한 복음이지만 절대적인 능력이 나타나는 것은 성령께서 앞서 행하시기 때문이다. 성령의 인도를 받아 복음을 누리는 삶이 가장 가치 있고 행복하다.

복음은 무지한 사람도 알아들을 수 있을 만큼 단순하다. 또한 박식한 사람이라도 이 단순한 복음에 그 무딘 양심이 녹는다. 아무리 세상의 많은 지식을 가졌어도 복음을 깨닫는 것과는 무관하다. 세상의 지식으로는 복음을 누리지 못한다. 영적으로 무지한 사람들은 세상의 것들이 하나님의 나라에 크게 유익이 된다고 생각하겠지만 결코 그렇지 않다. 그 어떤 것도 복음에 덧붙일 것은 없다.

하나님의 말씀을 분석하고 토론하고 연구한다고 그 깊은 영적 세계를 깨닫는 것은 아니다. 복음을 믿고 복음을 누리는 삶은 빈부귀천, 남녀노소, 지식의 있고 없음과 무관하다. 그러므로 건강한 교회는 지식적인 복음이 아니라 복음을 누리도록 하나님 나라의 원리를 명확하게 선포해야 한다. 인간적인 사상이나 인간적인 방법으로는 하나님의 나라를 볼 수 없다.

하나님 나라와 세상 나라는 다르다. 하나님 나라와 세상 나라는 그 원리나 통치 체계가 다르다. 하나님의 방법이 아니면 결코 하나님 나라의 일을 알 수 없다.

세상의 흥망성쇠도 예수 그리스도의 세계에서 출발된다. 복음이 흥하는 곳에는 하나님의 역사가 무수히 일어난다. 복음이 전파되고 복음이 확산되는 나라는 부흥하고 발전한다. 하나님의 관심은 복음에 집중되어 있다. 그러므로 복음이 있는 곳에는 영적 대혁명이 일어나고 복음이 가는 곳에는 하나님의 나라가 세워진다. 복음의 절대 능력을 의지하고 복음의 절대 능력을 회복해야 하는 이유가 여기에 있다. 복음이 온 세상의 중심이기 때문이다.

그래서 사도 바울은 천하 만방에 전파할 복음의 일꾼이 되었다고 한다.

만일 너희가 믿음에 거하고 터 위에 굳게 서서 너희 들은 바 복음의 소망에서 흔들리지 아니하면 그리하리라 이 복음은 천하 만

민에게 전파된 바요 나 바울은 이 복음의 일꾼이 되었노라 골 1:23

사도 바울은 자신을 하나님의 복음의 일꾼으로 세워주셨다는 것이 얼마나 측량할 수 없는 하나님의 은혜인가를 잘 알고 있었다. 그는 빚진 자의 심정으로 예수 그리스도의 복음을 증언했다. 심지어 그는 복음을 전하지 않는 삶이 도리어 화가 있다고 했다.

내가 복음을 전할지라도 자랑할 것이 없음은 내가 부득불 할 일임이라 만일 복음을 전하지 아니하면 내게 화가 있을 것이로다 고전 9:16

이러므로 우리가 하나님께 끊임없이 감사함은 너희가 우리에게 들은 바 하나님의 말씀을 받을 때에 사람의 말로 받지 아니하고 하나님의 말씀으로 받음이니 진실로 그러하도다 이 말씀이 또한 너희 믿는 자 가운데에서 역사하느니라 살전 2:13

하나님의 말씀, 복음의 말씀을 사람의 말로 받지 않고 하나님의 말씀으로 받으면 역사가 일어난다. 사람을 살리는 말씀이다. 하나님의 말씀은 영혼의 양식이다. 물론 지성으로 받아들이고 교육하게 되는 것도 놓치지 않아야 하지만 하나님의 말씀에 대한 근본적인 정신을 제대로 이해해야 한다. 하나님의 말씀은 지식이 아니라 영혼의 양식임을 잊어서는 안 된다. 머릿속에 지식을 전달하는 것이 아니라 영혼을 살리는 영적인 양식이 되어야 한다. 하나님의 말씀은 살아있으므로 반드시 영적 성장을 이룬다. 하나님의 말씀은 하나님을 더욱 사랑하게 한다. 영적 성장을 이루는 하나님의 말씀은 하나님의 깊은 마음을 이해하게 하며 하나님의 형상을 회복하게 한다.

하나님의 말씀은 진심으로 나의 마음을 다하고 목숨을 다하고 힘을 다하고 뜻을 다하여 주 하나님을 사랑하도록 하기 위한 영혼의 양식이다. 하나님의 말씀은 주 예수 그리스도의 장성한 분량이 충만한 데 이르도록 성장하게 하는 영혼의 양식이다.

하나님께서 우리를 부르신 목적은 하나님의 영광과 찬송이 되며 이 땅에 하나님의 나라를 이루려는 것이다. 하나님의 말씀은 하나님의 뜻과 계획과 하나님의 목적을 이루게 한다. 의인의 삶은 하나님의 소원을 만족시켜드리는 것이다.

하지만 인간의 힘으로는 불가능하다. 그래서 하나님은 성령을 보내셨다. 성령은 성도를 위해 간구하시고 하나님의 뜻을 이루게 하신다. 하나님께 영광이 되게 하시고 찬송이 되도록 인도하신다. 영혼이 잘되고 범사가 평안하도록 삶을 인도하신다.

하나님이 보내신 이는 하나님의 말씀을 하나니 이는 하나님이 성령을 한량 없이 주심이니라 요 3:34

말씀과 성령의 두날개

하나님이 나사렛 예수에게 성령과 능력을 기름 붓듯 하셨으매 그가 두루 다니시며 선한 일을 행하시고 마귀에게 눌린 모든 사람을 고치셨으니 이는 하나님이 함께 하셨음이라 **행 10:38**

두날개는 말씀과 성령의 두날개가 균형을 이룬다. 하나님의 말씀이 선포되면 성령께서 동시에 역사하신다. 말씀과 성령은 함께 하나님의 뜻을 이룬다. 그러나 오늘날의 문제는 무엇일까? 말씀을 선포해도 성령께서 사역하신다는 증거가 없다는 것이다. 과연 선포되는 그 말씀에 성령께서 함께 역사하시는가. 성령의 역사가 무엇인가. 예수 그리스도에 대한 절대 믿음이며, 말씀에 대한 절대적인 순종의 삶으로 변화되는 것이다.

공포탄이 있고 실탄이 있다. 총에 탄알을 장착하고 방아쇠를 당겼을 때, 실탄이 발사되어야 진짜 총의 효과가 있는 것이다. 총을 쏘아도 실탄이 없는 공포탄을 두려워할 적군은 없다. 하나님의 말씀이 선포되면 그 말씀이 그대로 이루어지는 사건이 되어야 한다. 주 예수 그리스도는 어제나 오늘이나 영원토록 동일하시다. 성령은 지금도 시공간을 초월하여 선포된 말씀대로 역사를 일으키신다.

하나님의 말씀이 선포되면 반드시 성령께서 그 말씀을 이루신다. 성령의 역사가 함께 일어나야 말씀은 이루어진다. 성령의 일하심이 없다면 그것은 하나님의 말씀이 아니라 사람의 말에 불과하다.

말씀이 선포되면 성령께서 동시에 역사를 일으키신다는 원리를 명심하라. 말씀은 성령과 함께 일하신다. 말씀을 전하는 사역자는 사람의 말을 하는 것이 아니라 하나님의 말씀을 전한다는 사실을 확신해야 한다. 마찬가지로 말씀을 듣는 사람도 사람의 말이 아니라 하나님의 말씀으로 받을 때 역사가 일어난다.

이러므로 우리가 하나님께 끊임없이 감사함은 너희가 우리에게 들은 바 하나님의 말씀을 받을 때에 사람의 말로 받지 아니하고 하나님의 말씀으로 받음이니 진실로 그러하도다 이 말씀이 또한 너희 믿는 자 가운데에서 역사하느니라 살전 2:13

말씀과 성령은 두날개다. 말씀이 가면 성령이 가고, 성령이 가면 말씀은 이루어진다. 말씀과 성령은 바늘과 실처럼 함께 하나님의 뜻을 이루신다. 말씀이 선포되었는데 공허한 메아리로 돌아온다면 그 말씀의 실체는 무엇일까? 말씀이 사건이 되고, 약속이 성취되고, 하나님의 뜻을 이루어야 하는데 그냥 땅에 떨어져서 소멸된다면 어떻게 되는가?

하나님의 말씀을 가만히 묵상해 보라. 주 예수께서 하신 사역을 주시해 보라. 주께서 병든 자에게 "깨끗함을 받으라"고 먼저 선포하시면 즉시 성령이 깨끗하게 만드셨다. 모든 만물이 그의 말씀에 순종하였다. 무덤 안에서 사흘씩이나 묶여 있던 나사로에게 주님께서 "나사로야! 나오너라!" 명령하시니까 성령께서 즉시 죽은 나사로를 살리셨다. 주님이 말씀하시면 성령의 역사가 바로 나타난다. 말씀과 성령의 통치가 이루어지는 것이다.

오늘날 우리의 사역에도 마찬가지다. 말씀이 선포되는 곳에 성령의 일하심을 요청하라. 선포된 그 말씀대로 성령께서 강력하게 일하셔야 한다.

사도행전 16장에서 사도 바울이 말씀을 선포했을 때 어떤 일들이 일어났는가. 귀신 들린 아이가 쫓아와서 헛소리를 할 때, "예수 그리스도의 이름으로 내가 네게 명하노니, 그에게서 나오라!" 그러자 선포한 말씀대로 즉시 사건이 이루어졌다. 하나님의 자녀의 권세는 이 세상에 생육하고, 번성하고, 정복하고, 충만하여 다스리는 역사를 회복시킨다. 주 예수의 말씀으로 다스려야 한다. 내 힘으로 하는 것이 아니라 말씀과 성령의 능력으로 이 세상을 다스려야 한다.

사도 베드로가 말씀을 외칠 때에 그 말씀을 듣는 자들에게 성령이 임했다고 한다.

> 베드로가 이 말을 할 때에 성령이 말씀 듣는 모든 사람에게 내려오시니 행 10:44

말씀 사역은 성령 사역이다. 반드시 함께하신다. 성령 사역은 기사와 이적을 나타내는 은사 중심의 사역만이 아니다. 성령 사역을 은사만으로 오해해서는 안 된다. 복음의 절대 능력은 말씀과 성령이 함께 일하시기 때문이다. 그러기에 말씀을 맡은 자들은 강단에서 하나님의 말씀을 선포하든지, 셀 공동체와 행복모임에서 복음을 선포하든지 간에 성령께서 역사하심을 믿어야 한다. 선포되는 말씀에 성령께서 함께 일하시도록 사역을 맡겨야 한다.

오늘날의 문제가 무엇인가. 말씀이 선포되면 성령이 함께 역사해야 하는데 말씀이 선포되었음에도 불구하고 성령의 역사가 일어나지 않는다는 것이다. 그래서 오늘날의 기독교가 위축되고 있다. 서구의 많은 교회가 문을 닫고 술집으로 팔리고 박물관으로 전락하는 원인은 교회와 목회자가 영적 능력을 상실했기 때문이다. 어떻게 해야 하는가. 방법은 하나다. 말씀과 성령이 함께 역사하시도록 예수 그리스도의 복음의 절대 능력을 회복하는 것이다. 영접하는 자 곧 그 이름을 믿는 자들에게는 하나님의 자녀가 되는 권세가 주어졌음을 믿고 그 권세와 능력을 회복해야 한다.

> 하나님이 보내신 이는 하나님의 말씀을 하나니 이는 하나님이 성령을 한량 없이 주심이니라 요 3:34

하나님의 말씀이 선포될 때, 성령께서 충만하게 역사하신다는 약속이다. 하지만 언제부터인가 말씀의 능력이 축소되고 성령의 능력은 무시되었다. 형이상학적인 지식과 관념들, 이성적이고 철학적인 사상들이 기독교의 세계관을 변질시켰다.

말씀을 전하는 자가 성령으로 충만해야 한다. 성령은 육체의 일들을 멸하실 무한한 능력이시다. 세상의 어떤 절망적인 상황에라도 성령은 충분히 소망이 되게 하신다. 종말을 살아가는 성도는 반드시 성령의 통치를 받아야 승리의 삶을 살 수 있다.

빌기를 다하매 모인 곳이 진동하더니 무리가 다 성령이 충만하여 담대히 하나님의 말씀을 전하니라 행 4:31

성령의 통치를 받지 않으면 하나님의 말씀은 여전히 딱딱한 율법으로 다가온다. 율법적이고 지식적인 말씀이 아니라 성령으로 충만하여 담대히 선포되는 말씀이어야 한다. 열정적이고 눈물로 반응하던 은혜의 복음이 건조하고 차가운 지성의 말씀으로 둔갑하면 결코 성령께서 역사하지 않으신다. 그것이 바로 복음을 변질시키는 것이며 성령의 역사를 막는 것이다.

복음은 성령의 능력으로 선포하는 것이다. 하나님의 말씀은 영혼의 양식이며 성령의 능력으로 하나님의 나라는 확장된다. 그러므로 율법의 통치를 받는 것이 아니라 성령의 통치를 받아야 한다.

말씀과 성령이 균형을 이루어야 한다. 지성과 이성으로, 관념과 철학으로, 합리화하고 보편화한다면 성령의 능력은 나타나지 않는다. 인간 중심적 사상은 인간의 한계를 뛰어넘지 못한다. 성령의 역사를 무시하면 인간 중심의 종교로 전락하게 된다. 그리스도인의 삶은 말씀대로 변화되는 것이다. 육신적인 체질이 영적인 체질로 개선되는 것이다.

왜 성령의 역사가 일어나지 않는가? 성령의 능력을 무시하기 때문이다. 성령 충만함을 사모하는 기도의 무릎이 사라졌기 때문이다. 기도하지 않으면 성령의 능력도 나타나지 않는다. 영이신 하나님의 말씀을 단순히 지식이나 지성으로만 이해한다면 하나님의 능력을 경험할 수 없다.

기도하지 않으면 비록 말씀과 성령의 능력이 나타나더라도 육신의 안목으로는 볼 수 없으며, 성령의 일하심에 반응하지도 못하고 하나님께 영광을 돌릴 수가 없다.

> 우리가 이것을 말하거니와 사람의 지혜가 가르친 말로 아니하고 오직 성령께서 가르치신 것으로 하니 영적인 일은 영적인 것으로 분별하느니라 고전 2:13

육적인 것은 육적인 것으로 알 수 있듯이 영적인 것은 영적인 것으로만 분별할 수 있다. 성령의 통치를 받아야 한다. 말씀의 세계를 지식적으로나 체험적으로만 이해한다면 영적인 세계를 볼 수 없다. 영적인 안목을 가져야 하며 성령으로 거듭나야 한다. 그래야 성령의 통치를 받을 수 있다.

성령의 통치는 복음의 절대 능력을 회복시킨다. 복음은 내 삶의 습관을 바꾼다. 복음을 묵상하고, 복음을 증거하고, 복음으로 기도하는 삶은 성령의 통치를 받게 하고, 말씀에 순종하는 믿음의 사람이 되게 한다. 말씀과 성령의 능력이 아니고는 결코 복음의 절대 능력을 누릴 수 없다.

> 이 말씀을 하시고 그들을 향하사 숨을 내쉬며 이르시되 성령을 받으라 요 20:22

말씀과 성령의 능력은 은사주의자나 신비주의자가 되는 것이 아니다. 기사나 표적을 나타내는 것이 목표가 아니다. 말씀과 성령의 능력으로 강력한 믿음을 소유하게 되는 것이다. 말씀에 깊이 뿌리를 두고 성령의 지배를 받는 영적인 삶으로 변화해야 한다.

> 그의 영광의 풍성함을 따라 그의 성령으로 말미암아 너희 속사람을 능력으로 강건하게 하시오며 엡 3:16

주님의 말씀과 성령의 능력으로 속 사람이 강건하게 된다. 말씀과 성령의 능력으로 예수 그리스도의 통치 안으로 들어가는 것이다. 왕이요, 제사장이요, 선지자이신 예수 그리스도는 가난한 자에게 복음을, 포로 된 자에게 자유를, 눈먼 자를 보게 하고 눌린 자를 자유케 하는 은혜의 복음을 전파하셨다. 예수 그리스도와 함께 나의 삶이 온전히 회복되는 것이다. 영적인 안목이 열리고 그리스도의 말씀의 세계를 통해 믿음을 회복하는 것이다.

그리스도의 사역은 성령의 능력으로 말씀을 이루시는 사역이었다. 하나님은 예수 그리스도 안에 모든 비밀을 감추셨다. 그리스도는 말씀이시며 성령과 함께 말씀을 이루시는 것이다. 말씀으로 교회를 세우시고 교회는 진리의 말씀을 보존하며 그 말씀으로 말미암은 성령의 역사들을 이루어 가는 것이다. 이것이 기독교의 진수이다.

역동적인 복음

이 말씀을 하시고 큰 소리로 나사로야 나오라 부르시니 죽은 자가 수족을 베로 동인 채로 나오는데 그 얼굴은 수건에 싸였더라 예수께서 이르시되 풀어 놓아 다니게 하라 하시니라 **요 11:43-44**

예수님은 갈릴리에서 복음을 전파하셨다. 정통 유대인들에게 멸시 받고 소망 없던 갈릴리는 북쪽 변방이었고, 선지자가 나올 수 없는 곳이라고 알려졌다. 하지만 멸시와 버림 받은 땅 갈릴리에서 예수님은 복음을 외치셨다. 예수께서 외치신 복음으로 고통의 땅, 흑암의 땅, 멸시와 천대 받던 갈릴리는 영화롭게 되었고 위대한 역사가 일어났다. 소경이 눈을 뜨고, 중병풍자가 낫고, 죽은 사람이 살아났다.

전에 고통 받던 자들에게는 흑암이 없으리로다 옛적에는 여호와께서 스불론 땅과 납달리 땅이 멸시를 당하게 하셨더니 후에는 해변 길과 요단 저쪽 이방의 갈릴리를 영화롭게 하셨느니라 사 9:1

주님은 죽은 나사로를 살리시듯, 허물과 죄로 죽었던 우리 영혼을 살리셨다. 우리 영혼이 사냥꾼의 올무에서 벗어나듯, 예수 그리스도의 십자가의 능력으로 우리의 영은 살아났다.

죽은 나사로를 살리신 주님 곁으로 가보자. 지금 나사로는 어떻게 되어 있는가? 수족을 동인 채로 주님 앞으로 나오고 있다. 하지만 여전히 묶여 있지 않은가? 나사로는 생명이 회복되어 살아나긴 했지만 여전히 수의로 동인 채로 묶여 있었다. 주님은 "풀어 놓아 다니게 하라"고 말씀하셨다.

죽은 자가 수족을 베로 동인 채로 나오는데 그 얼굴은 수건에 싸였더라 예수께서 이르시되 풀어 놓아 다니게 하라 하시니라 요 11:44

예수님을 믿고 구원을 받았지만 여전히 나사로가 수족이 묶여 있었던 것처럼, 죄의 포로가 되고, 악한 습관에 빠져 묶여 있는 것은 아닌가. 경제적 문제로 고통 받을 수 있고, 미움과 분노와 좌절과 질병, 여러 가지 다른 어떤 것들의 영적 육적으로 포로가 되어 살고 있지는 않은가. 예수님을 믿는다고 하면서도 육신의 정욕과 안목의 정욕과 이 세상의 자랑에 묶여 있을 수 있다. 그리스도인은 그렇게 살아서는 안 된다. 그렇게 산다면 나사로가 무덤에서 살아나긴 했지만 여전히 수의로 동인 채 살아가는 상황과 같다. 어떻게 해야 하는가? 풀어 놓아 다니게 해야 한다!

그리스도 예수의 피로 구속 받은 사람은 자유와 해방과 치유와 회복의 기쁨을 누리는 것이다. 그러므로 예수 믿고 거듭난 데서 그쳐서는 안 되고 영적으로 성장해야 한다. 나사로가 무덤에서 살아난 것만으로 만족해서는 안 된다. 풀어놓아 다니게 해야 한다. 예수 그리스도의 장성한 분량이 충만한 데 이르기까지 영적으로 성장하여 주께서 명령하신 비전을 이루고 사명을 감당하는 역동적인 신앙이 되어야 한다는 의미다.

복음은 가난한 자를 부요하게 하고, 포로 된 자를 자유케 하고, 눈먼 자를 보게 하고, 눌린 자를 해방시키는 능력이다. 무덤에서 나와 풀어놓아 다니게 한다. 복음은 살아 움직이는 역동적인 신앙인이 되게 한다. 완전히 회복된 사람으로 새 인생을 사는 것이다.

주님은 공생애를 통하여 가난에 묶여 있는 자들, 즉 영적, 육체적, 정신적, 환경적으로 포로되고 눌려 있는 자들을 해방시키셨다.

죄와 사망과 원수 마귀에게 사로잡힌 모든 상황에서 완전히 해방시키셨다. 풀어놓아 다니게 하셨던 것이다.

그 눈을 뜨게 하여 어둠에서 빛으로, 사탄의 권세에서 하나님께로 돌아오게 하고 죄 사함과 나를 믿어 거룩하게 된 무리 가운데서 기업을 얻게 하리라 하더이다 행 26:18

예수 그리스도는 어둠에 사로잡힌 하나님의 백성에게 희년을 선포하러 오셨다. 이스라엘은 50년마다 희년이 선포된다. 희년의 나팔 소리가 들리면 종으로 팔려갔던 사람들은 종의 위치에서 자유인이 된다. 소작농으로 있던 사람도 자기 땅을 도로 찾고, 빚은 탕감된다. 해방과 자유와 회복이 선포되는 해가 희년, 즉 은혜의 해다. 우리는 본래 어떤 사람인가?

그는 허물과 죄로 죽었던 너희를 살리셨도다 그 때에 너희는 그 가운데서 행하여 이 세상 풍조를 따르고 공중의 권세 잡은 자를 따랐으니 곧 지금 불순종의 아들들 가운데서 역사하는 영이라 전에는 우리도 다 그 가운데서 우리 육체의 욕심을 따라 지내며 육체와 마음의 원하는 것을 하여 다른 이들과 같이 본질상 진노의 자녀이었더니 긍휼이 풍성하신 하나님이 우리를 사랑하신 그 큰 사랑을 인하여 허물로 죽은 우리를 그리스도와 함께 살리셨고 (너희는 은혜로 구원을 받은 것이라) 엡 2:1-5

이 세상 풍속을 좇아 살고 사주팔자 운명에 매여 살아가던 우리였다. 이 땅에 살면서 우리 조상들은 우상을 섬겼고, 죄악에 묶여 자유하지 못하고 속박 가운데 살았다. 그런 우리 인생들에게 희년을 선포하기 위해 주 예수 그리스도께서 오셨다. 죄악에 빠진 인생에게 해방과 자유와 치유와 회복을 주셨다.

하지만 예수님을 믿기는 하지만 복음의 절대 능력을 누리지 못한다면 그것 역시 나사로처럼 묶여 있는 것이다. 풀어 놓아 다니게 해야 한다. 복음은 살아 움직이는 자유와 해방을 준다. 복음은 역동적인 능력이다.

죄에서 자유롭게 된 우리가 하나님께서 명령하신 위대하신 복, 이 땅에서 생육하고 번성하고 충만하고 정복하고 다스리는 복된 삶을 살려면 양육과 훈련이 필요하다. 풀어놓아 다니기 위해서는 반드시 영적인 훈련이 필요하다.

복음은 내 인생을 역전시키는 능력이다. 내 주장에서 벗어나게 하고, 세상 쾌락에서 벗어나게 하고, 죄의 습관에서 벗어나게 한다. 하나님의 뜻을 방해하는 모든 세력에서 벗어나게 되는데 이것이 풀어놓아 다니는 것이다.

하나님의 명령이다. 풀어놓아 다니게 하라. 주 예수 이름으로 풀어놓아 다닐 수 있도록 해야 할 의무와 책임이 있다. 그러나 내 힘으로 되지 않는다. 말씀과 성령의 능력으로 해야 한다. 내 안에 성령의 통치가 이루어져야 한다. 성령께 의존하고 성령을 좇아 행하는 삶으로 훈련되어야 한다. 성령의 능력으로 사는 방법을 배워야 한다. 성령의 지배에 따르는 삶은 저절로 되는 것은 아니다.

처음에는 엎치락뒤치락 할 수 있다. 성령의 이끄심에 민감하지 못하지만 성령께 인도함을 받는 것을 훈련하면서 성령의 사람으로 변화된다. 성령의 충만함을 위해서 기도하고 기도의 훈련을 통해 경건의 능력이 나타나게 된다. 성령의 통치를 받으면 새사람으로 살아간다. 훈련을 통하여 가치관이 변하고 영적 성장에 대한 자활의지가 생긴다. 양육과 훈련은 자발적으로 하나님의 말씀에 순종하도록 한다. 세계비전두날개프로세스는 역동적인 신앙으로 훈련하며 하나님의 말씀 앞에 믿음으로 반응하고 순종하는 삶을 배우게 된다. 양육과 훈련은 복음의 능력을 마음껏 누리지 못하는 상태에서 벗어나도록 도와준다.

즉 예수 그리스도의 장성한 분량이 충만한 데 이르기까지 영적으로 성장하도록 돕는다. 타인을 위해 희생하고 섬기는 정신이 되살아나고 죽기까지 말씀에 순종하는 삶이 이루어진다.

지금은 은혜의 시대다. 말씀이 이루어지는 위대한 축복의 시대다. 복음의 능력으로 다시 오실 주님을 사모하며 희년의 복을 누려야 한다. 지금 복음의 절대 능력으로 해방과 자유를 마음껏 누려라. 전적으로 하나님의 말씀에 순종하는 것이 능력이다. 하나님은 그 말씀대로 순종하는 자를 기뻐하신다.

> 주의 성령이 내게 임하셨으니 이는 가난한 자에게 복음을 전하게 하시려고 내게 기름을 부으시고 나를 보내사 포로 된 자에게 자유를, 눈 먼 자에게 다시 보게 함을 전파하며 눌린 자를 자유롭게 하고 주의 은혜의 해를 전파하게 하려 하심이라 하였더라 눅 4:18-19

주의 은혜의 해를 모든 이에게 선포하라. 교회 밖의 불신자들에게 주의 은혜를 흘려보내야 한다. 복음을 전하고, 복음의 절대 능력을 누리자. 세계비전두날개프로세스를 통하여 위대한 역사가 일어날 것이다.

복음과 율법

너희가 만일 성령의 인도하시는 바가 되면 율법 아래에 있지 아니하리라 **갈 5:18**

가장 율법적이던 신앙이 가장 복음적으로 변화된 인물은 누구일까? 사도 바울이다. 그는 다메섹에서 회심한 사건을 전환점으로 새로운 계시를 깨닫게 된다. 내면은 변화되지 않고 외부적인 요소만 붙들고 육신의 할례를 주장하며 율법 준수를 최고의 신앙으로 주장하던 그가 다메섹에서 회심한 것이다.

율법은 유대인들의 정체성을 드러낸다. 율법은 유대인들이 어떤 삶을 살아야 하는지, 그들의 신분과 삶의 방식을 보여준다. 성경은 유대인들을 율법에 속한 자(롬 4:14), 율법을 자랑하는 자로(롬 2:23) 특징짓는다.

반면에 유대인들은 이방인들을 율법에 속하지 않은 자, 율법 없는 자들로 규정하면서 스스로는 율법 있는 자로서의 우월성에 사로잡혀 있었다. 그래서 이방인들을 율법 없는 죄인으로 취급하였다.

그런 상황에서 다메섹에서 변화된 바울은 율법을 통해서가 아닌 오직 믿음만으로 하나님의 백성이 될 수 있다고 선포했다. 아무런 공로 없이, 아무런 노력도 없이, 아무런 자격도 없이 단지 예수를 믿는다는 조건 하나만으로 하나님의 백성이라는 신분을 갖게 된다는 것이다. 예수를 나의 주, 나의 하나님으로 믿기만 하면 아브라함의 복을 상속 받게 된다는 말에 많은 유대인들이 분노했다. 바울이 전하는 이 복음을 유대인들이 어떻게 받아들일 수 있었겠는가? 그래서 바울이 전하는 주 예수의 복음 때문에 수많은 유대교인들이 바울을 죽이려 했다.

예수님은 율법 아래 나셨다(갈 4:4). 그러나 예수님은 율법을 제거하시지 않고 율법을 완성하셔서 우리를 구원하셨다. 예수님은 율법의 옛 언약의 효력을 없이 하시고 새 언약을 주셨다. 예수 그리스도를 믿는 이들에게는 옛 언약에서 벗어나 새 언약 안에 살게 되는 혁명적인 변화를 가져왔다.

율법 안에서 의롭다 함을 얻으려 하는 너희는 그리스도에게서 끊어지고 은혜에서 떨어진 자로다 우리가 성령으로 믿음을 따라 의의 소망을 기다리노니 그리스도 예수 안에서는 할례나 무할례나 효력이 없으되 사랑으로써 역사하는 믿음뿐이니라 갈 5:4-6

예수 그리스도의 십자가의 복음은 율법을 지키고 행함으로 구원 받는다는 것이 아니다. 복음의 원리는 단순하다. 하나님께 죄를 범함으로 심판 받아 영원한 저주로 죽어야 할 내가 예수 그리스도를 믿고 죄 용서함을 받아 하나님의 자녀가 되었다는 것이다. 예수를 나의 주, 나의 하나님으로 믿기만 하면 구원을 받는다. 예수 그리스도의 복음은 모든 믿는 자를 살리는 은혜의 선물이며 베풀어 주시는 사랑의 은사다. 복음은 하나님의 절대적인 주권으로 행하시는 능력이다.

율법을 지킴으로 의에 이르는 것이 아니다. 예수 그리스도로 말미암아 믿음에 이르게 하는 의다. 율법을 지켜서 하나님의 백성이 되는 것과는 무관하다. 죄에서 구원하시는 하나님의 계획은 율법을 준행함으로 구원에 이르는 것이 아니다. 하나님의 사랑하심 때문이고 하나님의 선택하심 때문에 구원 받는 것이다. 그러나 유대인들은 율법을 지키려는 자신들의 헌신적인 노력과 의로운 행위가 자신을 구원했다고 착각했다.

마틴 루터Martin Luther는 율법을 지킴으로 구원에 이른다고 믿었지만 결국 인간의 한계에 부딪히면서 율법을 행함으로 구원에 이를 수 없다는 것을 깨닫고 종교개혁을 일으켰다. 그렇지만 그는 율법 없이는 죄성을 깨닫지 못하므로 율법 선포 역시 복음과 함께 우선시하면서 다시 율법의 한계 속에 갇혔던 것이다.

하나님께서 우리에게 율법을 주신 근본정신이 있다. 오늘날의 우리는 율법의 정신을 그대로 살려내는 것이 중요하다.

작은 민족 이스라엘을 사랑하신 하나님, 그 하나님의 은혜와 사랑에 감사하는 표현이 율법을 지키는 것이며, 또한 나보다 약한 다른 사람을 돌보고 섬기는 공동체적 사랑이 율법의 정신이다. 율법은 자신을 죄로부터 보호하는 법이며 공동체를 보호하는 하나님의 사랑이다.

유대인들에게는 율법 준수가 쉽지 않았다. 그렇지만 그들에게는 율법을 준수하지 않으면 죽음이었다. 하나님은 왜 율법을 주셨을까? 중요한 것은 오늘날 율법을 준수하느냐, 준수하지 않느냐에 초점이 있지 않다. 율법을 지켜야 하는 근거는 하나님의 은혜로운 부르심에 대한 감사의 반응이다.

하나님을 진심으로 사랑하기 때문에 그 반응으로 율법을 준수하는 것이다. 자발적인 순종이 중요하다. 나의 왕, 나의 창조주 하나님께서 율법을 지키라고 주셨으니까 순종하는 것이다. '하라'고 말씀하셨으니까 율법의 말씀을 그대로 준수하며 순종하는 것이다. 사랑의 하나님께서 율법을 주심은 하나님을 진심으로 사랑한다는 인간의 최선의 반응을 요구하신 것이다. 율법을 준수하는 행위가 하나님을 전심으로 사랑한다는 삶의 표현이기 때문이다.

하지만 죄를 지은 인간은 율법을 준수할 힘과 능력이 없다. 율법을 전부 지킨다는 것이 큰 짐이고 고통이다. 하나님께서는 인간의 연약함을 잘 알고 계신다. 사람이 율법을 지키지 못할 것을 아시면서도 왜 율법을 주셨을까?

진정으로 하나님을 사랑한다면 한결같이 그 말씀에 충성하고 헌신하게 될 것이다. 사랑하는 하나님께서 '하라'고 하셨으니까 사랑하는 분의 말씀이니까 순종하고 노력하게 된다. 그러면서 율법을 준수하는 거룩한 삶으로 변화되는 것이다. 율법을 준수함으로 죄를 이기고, 세상을 이기는 새사람이 되는 것이다. 하루하루 하나님의 말씀에 순종하며 하나님을 사랑하는 사람으로 변화되는 것이 율법을 주신 목적이다.

그러므로 율법은 생명으로 인도한다. 율법 자체는 능력이 없지만 율법을 준수하려는 정신과 의도가 중요하다. 하나님을 사랑하는 그 정신 때문에 하나님의 법을 지키고 따르게 된다. 또한 율법을 지킴으로 죄를 이기게 한다. 타락한 세속에 물들지 않고 부패한 이 세대를 본받지 말라고 하나님은 율법을 주셨다. 그것이 율법을 주신 목적이다.

그러나 율법을 주신 하나님의 고귀한 목적과 정신은 망각하고 유대인들처럼 율법 준수에만 집착한다면 결국 정죄 의식만 남게 되는 것이다.

유대인들은 율법을 지키지 않는다고 정죄하고, 율법 없는 이방 사람들을 죄인 취급하면서 스스로 판단하고 정죄했던 것이다. 율법을 지키는 것이 죄인을 의인으로 만드는 것이 아니다. 율법은 죄를 씻을 능력이 없다.

> 사람이 의롭게 되는 것은 율법의 행위로 말미암음이 아니요 오직 예수 그리스도를 믿음으로 말미암는 줄 알므로 우리도 그리스도 예수를 믿나니 이는 우리가 율법의 행위로써가 아니고 그리스도를 믿음으로써 의롭다 함을 얻으려 함이라 율법의 행위로써는 의롭다 함을 얻을 육체가 없느니라 갈 2:16

예수 그리스도의 세계는 다르다. 예수 그리스도의 복음의 세계는 율법을 지키는 행위 단계를 뛰어넘게 한다. 예수 그리스도의 세계는 사람을 율법의 저주 아래 가두는 것이 아니라, 생명의 길로 인도한다. 십자가의 구속으로 율법의 정죄에서 벗어나 그리스도 안에서 생명의 성령의 법으로 말미암아 율법의 요구를 성취하게 된다. 그것은 성도의 삶의 기초가 율법이 아니라 성령의 내주하심 때문이다.

그리스도 예수의 사람들은 육체와 함께 그 정욕과 탐심을 십자가에 못 박았느니라 갈 5:24

그리스도 예수의 사람은 이미 육체와 함께 정욕과 탐심을 십자가에 못 박았고 성령께 이끄심을 받게 된다. 그래서 율법 아래 있는 것이 아니라 성령의 능력으로 율법을 이루는 새사람이 된다. 성령은 영적 싸움에서 육체를 이길 능력이다. 율법이 아닌 성령은 성도들이 가지게 될 종말론적인 새로운 삶의 규범이다.

예수 그리스도의 믿음은 자발적인 순종의 삶을 살게 하고 성령의 능력으로 사랑의 율법을 완성하는 영적인 새사람이 되게 한다. 하나님의 성품을 닮은 하나님의 자녀로 거듭나게 하며, 하나님의 형상을 회복하게 되는 것이다.

나 역시 목회자가 되기 전, 복음을 깊이 체험하지 못한 율법적이고 지식적인 신앙인이었다. 교리적이고 관념적이었으며 도덕적 종교인이었다. 때로는 말씀과 삶이 일치하지 않는 이중적이고 무능력한 신앙이었다.

성경에서 '하라', '하지 마라'는 것을 다 지켜 행할 수 없었다. 내 육신적인 능력으로는 말씀대로 사는 영적인 삶을 도무지 살 수 없었다. 영적인 삶과 세상적 원리와는 너무도 달랐다. 성경의 말씀들은 실행할 수 없는 고차원적인 것들뿐이었다.

어릴 적 주일학교에서 배운 말씀은 배울수록 의문만 쌓게 했다. '이것을 어떻게 다 지켜. 어떻게 그렇게 살 수 있어. 어떻게 오른뺨을 때리면 왼뺨을 댈 수 있을까….'

초등학교 5학년 때, 난 골목대장이었다. 교회에서 배운 대로 하면 친구를 때릴 수도 없고 항상 얻어맞는 사람이 되어야 한다. 친구가 오른뺨을 때리면 왼뺨을 갖다 대야 하고, 오 리를 가자면 십 리를 함께 가는 것이 성경대로 사는 것이라 생각했다.

성경은 손해를 보게 하니 실천할 수가 없었다. 거지를 보면 옷을 벗어주라고 하지 않은가. 그러나 옷을 벗어주지 못하는 갈등들, 말씀대로 살아야 하는데 그렇게 살 수 없었기 때문에 늘 죄의식에 사로잡혔다.

얼마 전, 제자대학 2학기 강의를 하고 있을 때였다. 한 청년이 예전에 내가 했던 똑같은 고백을 했다. 속으로 웃었다. '나도 그랬네.' 그는 양육반을 할 때도 가치관의 혼동이 와서 도통 알아들을 수 없는 말을 하곤 했다. 그것은 복음의 절대 능력을 누리지 못하므로 찾아오는 갈등이었다.

복음의 능력을 누리지 못하면 예수 믿는 것이 무척 힘들 수밖에 없다. 내 힘으로 예수를 믿으려 하기 때문이다. 성령께 사로잡혀야 진리의 말씀을 알아 들을 수 있고, 또 말씀대로 살 수 있다. 성령께 인도를 받지 않으면 말씀과 삶이 일치되지 않는 것이 당연하고 위선과 죄책감에 사로잡혀 영적 성장은 이루지 못한다.

그러므로 먼저 복음을 깨달아야 한다. 복음에 대한 풍성한 지식이 있어야 한다. 복음으로 무장하고 복음으로 충만하면 복음을 누릴 수 있다. 복음을 아는 것과 믿는 것이 하나가 되어야 한다. 복음에 대한 지식과 복음에 대한 체험이 하나가 되면 풍성한 삶을 누릴 수 있다. 그러기 위해서 성령의 충만함을 받고 성령께 인도함을 받는 성령의 사람이 되어야 한다.

주님은 성령을 약속으로 주셨다. 성령이 내주하시면 단순히 율법의 근거에서 하나님의 뜻을 찾는 것이 아니라 성령과 함께 말씀의 이루심을 보게 된다. 나의 윤리적 판단에 근거한 율법의 행위가 아니라 성령의 능력으로 말씀의 이루심을 보게 된다. 율법의 통치 아래 있는 것이 아니라 성령의 통치 아래 있게 된다. 율법이 판단 근거가 되는 것이 아니라 성령의 지배를 받는 성령의 사람이 된다.

그리스도께서 우리를 위하여 저주를 받은 바 되사 율법의 저주에서 우리를 속량하셨으니 기록된 바 나무에 달린 자마다 저주 아래에 있는 자라 하였음이라 이는 그리스도 예수 안에서 아브라함의 복이 이방인에게 미치게 하고 또 우리로 하여금 믿음으로 말미암아 성령의 약속을 받게 하려 함이라 갈 3:13-14

그리스도께서는 모든 율법의 저주를 속량하시고, 해방시키셨다. 또한 성령을 선물로 주셨다. 복음의 핵심은 성령이 사람과 함께하심으로 율법을 성취시키는 은총의 삶을 살게 되는 것이다. 복음은 성령의 사람, 예수 그리스도의 사람이 되게 한다.

성령의 역사가 없으면 복음은 단순히 지식과 이론에 불과하다. 복음의 부유함과 풍성함을 누리는 것은 성령께서 함께하실 때다. 생명의 성령의 법은 복음으로 풍성한 삶을 누리는 그리스도인으로 변화시켜 영광에서 영광에 이르는 새로운 삶을 살게 한다.

모든 은혜의 하나님 곧 그리스도 안에서 너희를 부르사 자기의 영원한 영광에 들어가게 하신 이가 잠깐 고난을 당한 너희를 친히 온전하게 하시며 굳건하게 하시며 강하게 하시며 터를 견고하게 하시리라 벧전 5:10

복음의 진수

이 은혜는 곧 나로 이방인을 위하여 그리스도 예수의 일꾼이 되어 하나님의 복음의 제사장 직분을 하게 하사 이방인을 제물로 드리는 것이 성령 안에서 거룩하게 되어 받으실 만하게 하려 하심이라 **롬 15:16**

가장 지성적이며 또 체험적인 진리는 예수 그리스도의 복음밖에 없다. 성경은 복음으로 숨 쉬고 있다. 성경에 접속하는 순간, 영혼들이 복음으로 살아나고, 하나님의 뜨거운 사랑을 느끼게 한다. 복음은 최고의 영적 축복이며 복음 안에서만 인생이 자유할 수 있다.

성경의 모든 궤도는 예수 그리스도의 복음을 향하고 있다. 복음 사역은 하나님의 명령이자, 예수님 사역의 전부이다. 예수님은 공생애를 시작하시면서 특별한 목적으로 12명의 제자들을 부르셨다. 그들에게 주님의 비전을 말씀하셨고, 그들은 하나님의 나라와 하나님의 비전을 이루는 사람으로 변화하고 있었다.

> 누구든지 자기 목숨을 구원하고자 하면 잃을 것이요 누구든지 나와 복음을 위하여 자기 목숨을 잃으면 구원하리라 막 8:35

주님의 제자들은 주님과 복음을 위해 목숨을 잃었다. 그 외에도 숱한 제자들과 주님을 따르는 성도들이 짐승들에게 던져졌고, 참수형을 당하며 인간으로서 견딜 수 없는 최악의 아픔과 고통을 당하면서 주님과 복음을 위해 죽어갔다.

복음이 무엇이기에 사람들은 자신의 목숨과 과감히 바꾸었으며 죽음도 서슴지 않았을까? 복음의 본질은 나의 죄를 위해 십자가에 달려 죽으신 예수 그리스도다. 그 위대한 복음 앞에 세상의 번영이나 성공이 무력해지고 욕망이 힘을 잃는다. 그것이 복음의 능력이다.

세상과 죄악을 좇아 살던 우리가 변하여 새사람이 되는 것, 하나님을 대적하던 사람이 변하여 하나님께서 창조하신 목적에 합당한 순종의 삶을 살며 죄와 싸우게 되는 것, 이보다 큰 기적이 어디 있겠는가? 이것이 복음이 가지는 절대적인 능력이다.

잘못된 악인의 길에서 벗어나지 못하고 죄와 악한 습관을 끊지 못해 몸부림치는 이들에게 이보다 더 큰 희소식이 어디 있겠는가?

의의 길로 인도받고, 평생 복된 소식을 듣고 보고 누리는 삶이 바로 복음적인 삶이다. 세상에서 비교할 수 없이 복된 자가 복음을 가진 자다.

복음을 가진 자는 끊임없이 그리스도를 향한 삶으로 변화한다. 복음의 진리가 하나님을 드러내는 인생으로, 하나님과 친밀하게 교제하고 위대한 사명을 감당하는 삶으로 성령께서 변화시켜 가신다. 다시 말해 인생의 목적과 삶의 방향이 달라진다.

복음은 성삼위 하나님께서 하나님을 떠나 타락한 삶을 살던 인간에게 최고의 선물을 주신 것이다. 에덴동산에서부터 하나님의 말씀에 불순종하고 범죄한 인간에게 여인의 후손으로 뱀의 머리를 상하게 하실 것을 약속하셨고, 결국 예수 그리스도께서 나심으로 약속의 말씀을 완성하셨다.

말씀하신 하나님은 말씀대로 이루시고 복음의 기쁜 소식을 전해 주셨다. 복음은 하나님의 능력, 뒤나미스(dunamis)이며, 구원을 가져다주시는 하나님의 다이너마이트(dynamite)이다. 복음이 가져다주는 하나님의 구원은 칭의와 성화, 그리스도의 재림과 더불어 영화에 이르는 모든 구원의 서정을 포함한다.

> 이 복음은 모든 믿는 자에게 구원을 주시는 하나님의 능력이 됨이라 롬 1:16

복음을 가진 자는 복음으로 살게 된다. 복음에는 하나님의 의가 나타나서 믿음에서 믿음에 이르게 하며, 불의한 자가 복음으로 인해 의인으로 인정되어 구원을 주시는 하나님의 은혜의 복음 안에서 살게 된다는 것이다.

반면, 복음이 없는 자는 하나님의 진노 아래 있게 된다는 것을 명심해야 한다. 하나님의 은혜가 없으며, 긍휼하심을 받지 못하므로 자신의 불의로 인해 하나님의 진노의 심판을 받게 된다. 탁월한 도덕성이나 선한 양심을 가졌다고 해도 그 지옥의 심판을 면할 수 없다.

또 이르시되 너희는 온 천하에 다니며 만민에게 복음을 전파하라 막 16:15

주님께서 온 천하에 다니며 만민에게 복음을 전파하라고 말씀하신 이유는 살아있는 동안 복음의 삶을 살 수 있는 기회를 주신 것이다. 하나님은 누구든지 아들을 믿는 자에게 구원을 베푸셨다. 아들의 죽음이 결코 헛되지 않게 하시고 모든 사람이 구원 받도록 기회를 주셨다.

지금도 하나님의 복음은 진리의 말씀을 통하여 끊임없는 생수처럼 흘러넘치고 있다. 복음으로 충만하여 복음을 누리는 삶으로 하나님께 영광을 돌려라. 하나님의 위대한 복음은 세상 끝 날까지 우리와 함께할 것이다. 복음을 누리며, 복음을 전하며, 복음으로 말미암아 영원히 살게 될 것이다.

오직 주의 말씀은 세세토록 있도다 하였으니 너희에게 전한 복음이 곧 이 말씀이니라 벧전 1:25

The Absolute Power of the Gospel

그리스도 예수의 사람들은 육체와 함께
그 정욕과 탐심을 십자가에 못 박았느니라
갈 5:24

PART 2

그리스도 예수의 사람

영적 성장

때가 오래 되었으므로 너희가 마땅히 선생이 되었을 터인데 너희가 다시 하나님의 말씀의 초보에 대하여 누구에게서 가르침을 받아야 할 처지이니 단단한 음식은 못 먹고 젖이나 먹어야 할 자가 되었도다 이는 젖을 먹는 자마다 어린 아이니 의의 말씀을 경험하지 못한 자요 단단한 음식은 장성한 자의 것이니 그들은 지각을 사용함으로 연단을 받아 선악을 분별하는 자들이니라 **히 5:12-14**

예수 그리스도의 복음은 참으로 엄숙한 선언이다. 인간의 이성으로는 깨달을 수 없는 십자가 사건을 통해 하나님의 의를 보게 한다. 복음은 모든 믿는 자를 구원에 이르게 하는 하나님의 절대 능력의 은총이다.

예수 그리스도는 복음의 주체이며 신비다. 그 흉측한 저주의 십자가 사건을 통해 하나님은 저주 받을 인류를 해방시키시고 구원을 이루셨다. 예수 그리스도를 통해 복음이 시작되었고, 은혜의 통로가 열렸으며, 풍성한 삶을 누리게 되었다.

그리스도 예수의 사람은 복음의 능력을 가졌다. 이 세상에서 복음을 가진 사람이 가장 부유하고, 가장 고상하며 거룩하다. 복음을 가진 사람은 무능하게 보여도 하늘의 능력으로 충만하기 때문이다.

그리스도 예수의 사람은 복음의 능력을 드러내며 복음을 누린다. 복음은 십자가의 도를 제시하며 구원의 통로가 된다. 비록 십자가의 사건이 그 시대에는 저주스러운 일이었지만, 하나님의 능력과 지혜가 충만하게 담겨진 하나님의 역사 속에는 가장 위대한 사건이며 주님이 달리신 그 흉측한 십자가를 통하여 하나님의 뜻이 이루어졌다.

그러므로 그리스도 예수의 사람은 십자가의 복음을 100% 드러내며 복음의 능력과 정신으로 무장하게 된다. 우리 역시 복음의 능력을 다시 회복하는 그리스도 예수의 사람, 예수의 제자로 새로운 삶을 살게 된다.

복음으로 충만한가를 점검해 보자. 복음에 빚진 자처럼 복음으로 충만하여 복음적인 삶을 살고 있는가. 복음의 위대성과 능력을 축소하지는 않는가.

그리스도 예수의 사람은 복음의 능력으로 증인의 삶을 산다. 복음은 인생의 모든 문제를 해결하시는 예수 그리스도의 십자가의 승리다. 복음의 능력은 예수 십자가의 승리가 곧 나의 승리가 되는 것이다. 복음은 강력한 믿음의 사람이 되게 한다. 그리스도 예수의 사람은 하나님의 역사를 제한하지 않으며, 복음의 능력을 축소하지 않는다. 복음으로 저주의 삶에서 벗어나 축복을 회복하고 생명을 회복하고 구원에 이른다.

복음은 강력한 믿음의 사람이 되게 하며 성령의 내주하심으로 인해 성령의 통치를 받는다. 그리스도 예수의 사람은 성령을 좇아 행한다. 하나님에 대한 순수한 갈망으로 하나님을 더 가까이 하기를 바라며 영적 성장을 이루자. 어떻게 하면 하나님께 영광 돌리며 하나님을 더욱 가까이 하는 삶을 살 것인가를 추구하라.

그리스도 예수의 사람은 끊임없이 그리스도의 장성한 분량이 충만한 데 이르기까지 영적 성장을 갈망한다. 성령의 인도하심을 사모하며 삶의 정황 속에서 성령의 인도를 따라 빛과 소금이 되고자 한다.

자신을 연단하고 경건의 삶을 살고자 노력하며 경건에 이르도록 끊임없이 자신을 훈련한다. 진정한 그리스도인은 하나님의 나라와 의를 구하며 성령의 능력으로 반드시 열매 맺는 신앙인이다.

그리스도 예수의 사람은 성령의 인도를 받으며 성령 안에서 기도한다. 성령 안에서 기도한다는 것은 무엇일까? 하나님은 흙으로 사람을 창조하시고 그 속에 영을 불어 넣으셨다. 육체를 가진 사람은 누구에게나 그 육체 안에 영혼을 담고 있다. 살아있는 육체는 영혼을 담은 그릇이다. 그렇지만 인간이 하나님께 죄를 범함으로 영혼이 죽었다.

하나님은 예수 그리스도의 십자가의 구속을 믿는 믿음을 통해 죽은 영혼을 다시 살리시고 거듭나게 하시고 새롭게 하신다.

하나님은 하나님께서 창조하셨던 원래의 모습대로 회복하기를 원하셨다. 그래서 예수 그리스도는 하나님께서 원래 만드셨던 창조의 모습으로 우리를 회복하셨을 뿐만 아니라 더 영광스럽고 더 아름다운 모습으로 회복시키셨다.

하나님을 만난 사람은 영적으로 거듭나서 성령의 사람이 되고 영적으로 성장하게 된다. 육체만 성장하는 것이 아니다. 영혼도 그 내면이 성숙해진다. 어떻게 하면 죽은 영혼이 살아나고 거듭나서 성장하게 될까? 어떻게 하면 내 영혼이 새롭게 될까? 내 영혼이 다시 태어나려면 어떻게 해야 할까? 인간의 힘과 능력으로는 아무것도 할 수 없다.

영을 만드시고 심령을 창조하신 분은 하나님이시다. 하나님께서 나를 새롭게 하셔야 한다. 영혼을 창조하신 분은 하나님이시며 내 속사람을 새롭게 하실 분도 하나님뿐이시다.

영혼은 살과 뼈가 없다. 살과 뼈가 없는 영혼을 속사람이라고 한다. 우리가 예수님을 믿고 거듭난 것은 죽은 심령, 죽은 영혼이 살아났다는 의미다. 심령이 다시 새롭게 되고 죽은 영혼이 살아나려면 반드시 복음으로 회복되어야 한다.

예수님은 죽은 영혼을 다시 살리는 능력이시다. 허물과 죄로 죽은 나를 위해 죗값을 대신 치루시고 십자가에서 승리하셨다. 예수님을 믿기만 하면 죽은 영혼은 다시 살아난다.

예수님을 믿는다는 것은 심령이 새로워지는 것이며 속사람이 거듭나는 것이다. 예수님을 믿는 그날부터 나의 죽은 영혼은 다시 태어난다. 성령께서 내 안에 들어오시면 죽은 내 영혼은 살아나서 성령과 함께 살게 된다. 성령의 통치를 받게 된다. 거듭난 영혼이 예수 그리스도의 장성한 분량이 충만한 데 이르기까지 믿음이 성장하는 것은 성령의 통치를 받기 때문이다.

그렇지만 성령의 통치를 받기 위해서는 훈련이 필요하다. 죄와 사망에 얽매여 불순종하던 나의 영이 성령의 통치를 받기 위해서는 생명의 성령의 법에 순종하는 강력한 훈련이 필요하다. 연단을 통하여 영적 지각이 발달되고 영적 성장이 일어난다.

성령께서 내 안에 들어오셨다고 해도 내 삶의 방식이 순식간에 달라지는 것은 아니다. 육체를 좇아 살던 옛 습관 때문에 단번에 순종이 되지는 않는다. 그러므로 성령의 인도함을 받는 훈련이 필요하다. 복음의 절대 능력으로 무장하고, 복음을 선포하며 복음을 누리는 훈련이 되어야 한다. 성령의 통치를 받고 성령의 인도하심에 순종하는 훈련 과정은 반드시 필요하다.

10년, 20년 예수님을 믿고 신앙생활을 한다 해도 영적으로 성장하지 못한 영적 유아들이 많다. 이들은 단단한 음식을 먹지 못한다. 신앙의 연륜은 있지만 하나님의 말씀을 경험하지 못하므로 젖이나 먹어야 하는 자들에 대해서 히브리서 기자는 말씀한다.

> 때가 오래 되었으므로 너희가 마땅히 선생이 되었을 터인데 너희가 다시 하나님의 말씀의 초보에 대하여 누구에게서 가르침을 받아야 할 처지이니 단단한 음식은 못 먹고 젖이나 먹어야 할 자가 되었도다 이는 젖을 먹는 자마다 어린 아이니 의의 말씀을 경험하지 못한 자요 단단한 음식은 장성한 자의 것이니 그들은 지각을 사용함으로 연단을 받아 선악을 분별하는 자들이니라 히 5:12-14

하나님의 말씀에 순종하기 위해서는 연단이 필요하다. 영적 훈련이 되지 않으면 순종하는 것이 쉽지 않다. 마음으로는 순종을 원하지만 육신은 옛 습관대로 움직일 때가 많다. 그래서 육체를 쳐서 복종시키는 훈련이 필요하다. 영적 성장은 영적 훈련을 통하여 이루어진다. 우리는 예수 그리스도의 장성한 분량이 충만한 데 이르기까지 영적 성장을 이루어야 한다.

우리가 다 하나님의 아들을 믿는 것과 아는 일에 하나가 되어 온전한 사람을 이루어 그리스도의 장성한 분량이 충만한 데까지 이르리니 엡 4:13

성령에 속한 자

육에 속한 사람은 하나님의 성령의 일들을 받지 아니하나니 이는 그것들이 그에게는 어리석게 보임이요, 또 그는 그것들을 알 수도 없나니 그러한 일은 영적으로 분별되기 때문이라 **고전 2:14**

내 안에 있는 심령, 내 영혼은 어떻게 자라게 할 수 있을까? 그것이 관건이다. 육체는 음식을 먹고 운동하면서 잘 다듬으면 건강해진다. 영혼은 어떻게 성장하고 심령은 어떻게 강건해질 수 있을까? 하나님은 우리의 영적 성장에 관심을 가지신다. 우리의 영적 목표는 우리 심령이 예수 그리스도의 장성한 분량이 충만한 데 이르기까지 믿음이 성숙하고 영적으로 성장하는 것이다.

예전에는 심령대부흥회가 있었다. 어떻게 심령에 불을 지펴 영적 부흥을 일으킬 것인가? 부흥회는 답답하고 컬컬한 심령을 새롭게 했다. 부흥회에 다녀오면 마음이 시원하고 삶은 다소 새로워지는 경험을 한다.

요즘은 그런 부흥회조차도 찾아보기 힘들다. 현대인들은 목회자에게 자신의 신앙에 대해서 간섭받는 것을 좋아하지 않고 각자 나름대로 신앙생활을 하기 원한다. 그러나 분명한 것은 신앙의 성장은 반드시 영적 스승으로부터 배워야 한다. 인격은 인격을 통해서 성장한다.

살과 뼈가 없는 내 심령의 부흥을 어떻게 일으킬 것인가? 심령을 어떻게 성장시킬 것인가? 심령을 강건하게 하기 위해서 어떻게 해야 할 것인가 하는 것이다. 우리는 요한복음 3장에서 예수님을 찾아간 니고데모와 예수님과의 대화를 통해서 알 수 있다.

> 예수께서 대답하여 이르시되 진실로 진실로 네게 이르노니 사람이 거듭나지 아니하면 하나님의 나라를 볼 수 없느니라 니고데모가 이르되 사람이 늙으면 어떻게 날 수 있사옵나이까 두 번째 모태에 들어갔다가 날 수 있사옵나이까 예수께서 대답하시되 진실로 진실로 네게 이르노니 사람이 물과 성령으로 나지 아니하면 하나님의 나라에 들어갈 수 없느니라 육으로 난 것은 육이요 영으로 난 것은 영이니 내가 네게 거듭나야 하겠다 하는 말을 놀랍게 여기지 말라 바람이 임의로 불매 네가 그 소리는 들어도 어디서 와서 어디로 가는지 알지 못하나니 성령으로 난 사람도

다 그러하니라 요 3:3-8

예수님은 니고데모에게 하나님의 나라를 보려면 거듭나야 한다고 말씀하셨다. 심령이 거듭나야 한다는 의미다. 거듭난 사람은 반드시 영적으로 성장하게 된다. 심령은 어떻게 거듭나고 성장하게 될까?

사람은 영적 존재이며 또한 육신에 속해 있다. 육신이 원하는 대로 살 수도 있지만 내 속에 있는 성령의 지배를 받을 수도 있다. 그것은 선택할 수 있다. 영의 지배를 받으면 하나님의 뜻을 이루지만 내 육체가 원하는 대로 하면 내 인생의 주인이 내가 되는 것이다. 그래서 내 마음대로 살게 된다.

진정한 그리스도인은 성령의 통치를 원한다. 그런데 성령의 지배를 받으려면 순종해야 한다. 영적 연단은 단단한 음식을 먹게 하는 순종의 과정이다. 육신의 통치를 받는 것이 아니라 스스로 성령의 지배를 받아들이는 사람은 영적으로 강건한 사람이다.

성령의 지배를 받으면 내 영혼이 강건해져서 육신의 지배를 거부하고 영에 속한 사람이 된다. 성령의 통치를 받는 것이 심령의 부흥이다. 영혼을 강건하게 하고 영혼을 부흥시키는 방법은 인간적인 방법으로는 되지 않는다. 하나님의 말씀에 전적으로 순종하고 말씀의 꼴을 먹으며 성령의 음성에 귀 기울여 순종함으로 성령께 지배 받게 된다. 그것이 거룩한 삶이다.

> 하나님이 지으신 모든 것이 선하매 감사함으로 받으면 버릴 것이 없나니 하나님의 말씀과 기도로 거룩하여짐이라 딤전 4:4-5

말씀과 기도로 거룩하여진다는 의미는 말씀과 기도가 심령을 자라게 한다는 뜻이다. 말씀과 기도가 아니고는 심령은 자랄 수 없다. 육체는 영양가가 높은 음식을 잘 먹어야 자란다. 또한 마음은 인간의 도리와 교양을 함양시키는 양서를 읽거나 교육으로 고양시킬 수 있다. 때로는 상급사회에 참여하거나 지식을 습득함으로 풍부한 경험과 마음의 풍요로움을 즐길 수 있다.

그러나 이런 것들이 영적 성장을 이루게 하거나 영적 양식이 될 수는 없다. 영혼을 위한 양식은 육이나 마음을 위한 양식과는 질적으로 다르다. 육을 위한 양식이 마음을 위한 양식의 대용식이 될 수 없는 것처럼, 마음을 위한 양식이 영혼을 위한 양식이 될 수 없다.

무엇이든 마음에 감동이 된다고 해서 전부 영혼의 양식이 되는 것은 아니다. 영혼에게는 별도의 양식이 있다는 것을 깨달아야 한다. 그러나 영혼의 굶주림에 대해서 무감각한 것은 신령한 세계에 대해 무지하기 때문이다.

영혼의 양식과 마음의 양식은 다르다. 영혼의 양식은 하나님과의 관계에서만 배고픔을 느끼게 된다. 영혼의 허기를 느낄 때 영적 양식이 필요하다. 영적 양식은 하나님의 말씀뿐이다. 하나님의 말씀을 먹을 때 영은 살아나고 성장한다. 하나님의 말씀을 지식으로 배우는 것이 아니라 성령의 지배에 따라서 그 말씀에 순종하는 삶으로 변화될 때, 영적 성장은 일어난다. 영에 속한 사람은 영적 양식으로 배부른 사람이다. 예수님은 자신이 생명의 떡이므로 먹고 마시라고 말씀하셨다.

내가 곧 생명의 떡이니라 너희 조상들은 광야에서 만나를 먹었어도 죽었거니와 이는 하늘에서 내려오는 떡이니 사람으로 하여금 먹고 죽지 아니하게 하는 것이니라 나는 하늘에서 내려온 살아 있는 떡이니 사람이 이 떡을 먹으면 영생하리라 내가 줄 떡은 곧 세상의 생명을 위한 내 살이니라 하시니라 그러므로 유대인들이 서로 다투어 이르되 이 사람이 어찌 능히 자기 살을 우리에게 주어 먹게 하겠느냐 예수께서 이르시되 내가 진실로 진실로 너희에게 이르노니 인자의 살을 먹지 아니하고 인자의 피를 마시지 아니하면 너희 속에 생명이 없느니라 내 살을 먹고 내 피를 마시는 자는 영생을 가졌고 마지막 날에 내가 그를 다시 살리리니 내 살은 참된 양식이요 내 피는 참된 음료로다 내

살을 먹고 내 피를 마시는 자는 내 안에 거하고 나도 그의 안에 거하나니 요 6:48-56

성령에 속한 자는 영혼을 위한 양식을 갈망한다. 예수님의 살과 피를 마시는 자들이다. 이천 년 전, 예수께서 오병이어 기적을 베풀어서 떡을 먹이셨던 가난한 시절이 있었다. 예수님은 무리들이 따르는 것을 보시고 떡을 먹고 배부른 까닭임을 말씀하셨다.

그들이 떡을 얻기 위해 몰려 왔을 때 예수님은 '내가 너희들의 영혼의 양식이다'라고 말씀하셨다. 얼마나 충격적인 말인지 모른다. 멀쩡하게 살아있는 주님의 살을 먹고 피를 마셔야 된다고 했을 때 그들은 혼동이 되었다.

주님의 살은 참된 양식이요, 주님의 피는 참된 음료이므로 살과 피를 마셔야만 주님과 하나가 된다는 것이다. 예수님은 자신이 영혼의 양식임을 말씀하셨다. 그래서 사람이 떡으로만 사는 것이 아니라 하나님의 입에서 나오는 모든 말씀으로 살아야 한다고 하셨다. 예수님의 말씀은 전부 영적인 세계에 대한 것이었다.

예수께서 대답하여 이르시되 기록되었으되 사람이 떡으로만 살 것이 아니요 하나님의 입으로부터 나오는 모든 말씀으로 살 것이라 하였느니라 하시니 마 4:4

영적 세계는 예수 그리스도의 세계다. 예수 그리스도의 세계는 그분이 통치하는 말씀의 세계다. 주님은 말씀이시고, 주님은 사람에게 반드시 필요한 영혼의 양식에 대해서 자신을 먹으라고 말씀하셨다. 그렇지만 그 당시 주님의 말씀을 들은 대부분의 사람들은 영적 깊이를 깨닫지 못하고 슬금슬금 주님의 곁을 떠났다.

눈에 보이는 육체의 일만 생각하는 이들에게는 영혼에 대한 깊은 이해가 있을 수 없다. 심령이 무엇인지, 거듭나는 것이 무엇인지조차 관심도 없다. 영혼을 위한 양식은 말씀으로 이루어진 예수 그리스도의 살을 먹는 것과 예수 그리스도의 피를 마시는 것 외에는 답이 없다.

내 영혼의 양식은 예수 그리스도 밖에 없다. 내 안에 있는 확실한 독립된 생명체, 내 영혼과 심령의 양식은 예수님의 살과 피 외에는 없다.

인생의 모든 문제를 해결할 방법은 예수님밖에 없다. 내 영혼이 잘 되고 범사가 잘 되기 위해서는 영적으로 성장해야 한다. 영적으로 성장하려면 영혼의 양식인 예수 그리스도의 살과 피를 먹고 마셔야 한다.

예수 그리스도의 세계는 영의 세계다. 신령한 세계는 성부, 성자, 성령께서 말씀하시는 말씀의 세계다. 하나님은 예수님의 말씀에 성령과 능력을 기름 붓듯 하셨다. 그래서 그가 계시는 곳에는 하늘의 권세와 말씀의 능력이 나타났다.

> 하나님이 나사렛 예수에게 성령과 능력을 기름 붓듯 하셨으매 그가 두루 다니시며 선한 일을 행하시고 마귀에게 눌린 모든 사람을 고치셨으니 이는 하나님이 함께 하셨음이라 행 10:38

예수 그리스도의 세계는 신령한 영적 세계다. 영적 세계는 말씀의 세계이며, 예수 그리스도는 말씀이 육신이 되어서 우리 가운데 오신 분이시다. 예수 그리스도를 먹는다는 것은 말씀을 먹는 것이며, 영혼의 양식이 되는 그리스도를 인격적으로 만나고 그와 동행하는 것이다.

예수 그리스도와 하나 되는 것은 성령으로 하나 되는 것이며, 예수 그리스도를 먹고 마시는 것은 성령을 먹고 마시는 것이다. 성령의 내주하심으로 성령으로 한 몸이 되고 성령의 통치와 성령의 전적인 인도를 받게 된다.

> 우리가 유대인이나 헬라인이나 종이나 자유인이나 다 한 성령으로 세례를 받아 한 몸이 되었고 또 다 한 성령을 마시게 하셨느니라 고전 12:13

예수님을 믿는 사람은 누구나 한 성령으로 세례를 받고 성령으로 하나가 된다. 예수님의 살과 피를 마시는 것처럼, 한 성령을 마시게 하셨다. 볼 수 없는 나의 영적 성장을 위해 성령으로 한 몸이 되어 한 성령 안에 살게 하셨다. 영에 속한 자이기 때문이다.

영적 원리

모든 천사들은 섬기는 영으로서 구원 받을 상속자들을 위하여 섬기라고 보내심이 아니냐 **히 1:14**

영혼은 무형의 생명체다. 살과 뼈가 없다. 보이지 않는 무형의 생명체를 성장시킬 수 있을까? 어떻게 하면 내 영혼을 부요하게 하며 자유하게 할 수 있을까? 마음이 즐겁다고 영혼이 평안하게 될까? 행복하면 영혼이 성장하는 것일까? 어떻게 하면 내 영혼이 성장하고 영적 부흥이 일어날 수 있을까? 지은 죄의 대가로 고행을 하면 될까?

내 영혼이 잘 되고 성장하는 방법은 오직 한 가지다. 예수 그리스도의 영이 내 심령 속에서 그의 뜻대로 강하게 역사하도록 내어드리는 것이다. 그리스도의 영이 내 심령 속에서 강력하게 역사하면 심령의 부흥은 일어난다.

그리스도의 영이 내 심령 속에 마음껏 역사하시도록 내어드리면 구원 얻을 후사들을 위하여 섬기라고 보내신 주의 천사들이 내 주위에서 나를 돕게 된다.

> 모든 천사들은 섬기는 영으로서 구원 받을 상속자들을 위하여 섬기라고 보내심이 아니냐 히 1:14

내 심령 속에 그리스도의 영이 역사하시도록 사모해야 한다. 내 안에 성령이 계신다고 해서 아무 때나 성령의 역사가 일어나는 것은 아니다. 성령이 내주하신다고 해서 그냥 가만히 있기만 하면 성령의 능력이 나타나는 것이 아니다. 구체적으로 말한다면 내 심령 안에 계신 성령이 마음껏 역사하실 수 있도록 나 스스로의 의지를 통해 모든 죄를 회개해서 정결하게 해야 한다. 또한 심령 속에 계신 성령의 역사하심을 뜨겁게 사모해야 한다.

성령 충만의 의미는 무엇일까? 내 심령 속에 주의 성령이 충만해지는 것이다. 그 의미는 나의 고집과 아집은 사라지고 온전히 성령의 통치를 받는 것이다. 성령의 이끌림에 온전히 순종하게 된다는 의미다.

내 심령 안에 성령의 능력이 충만할 때 심령에 영적 부흥이 일어나고 이 세상을 승리할 수 있는 새로운 힘을 얻게 된다. 오직 성령의 능력으로 역사가 일어나서 기적이 창출되는 것이다. 내 힘으로 하는 것이 아니다. 영적 원리를 알아야 한다.

오직 성령의 능력으로 역사가 일어날 때 환경의 문들이 열리게 된다. 악한 영들의 궤계들이 무너지고 성령의 일하심을 통해 초월적인 역사가 일어나는 것이다. 얼마나 중요한 내용인지 모른다. 한평생 신앙생활을 해도 이런 영적 원리를 들어보지 못한 사람들도 많다.

예수 그리스도를 믿는다는 것은 윤리나 도덕적인 마음의 위로나 평강을 얻는 정도로 만족해서는 안 된다. 경건의 비밀, 영적인 세계를 이루는 영적 원리를 깨우쳐야 한다.

기독교를 마음의 양식이나 얻고 수양하는 정도로 생각하는 사람들은 예수님을 믿는다고 해도 하나님 나라의 원리를 모르는 것이다. 깊은 영적 세계를 경험하게 될 때, 인간의 힘으로는 상상조차도 할 수 없는 위대하신 하나님의 나라를 더 높여 찬양하게 될 것이다.

우주는 피조물의 세계다. 그러나 예수 그리스도의 말씀의 세계는 영적인 세계다. 영적인 세계와 피조물의 세계는 구성 원리 자체가 다르다. 영적 감각 없이는 영적인 세계를 이해할 수 없다. 영적인 세계는 피조물의 세계를 다스리며 육에 속한 세계를 능가한다.

내 안에 계시는 성령이 강력하게 기름 부으시고 역사하실 때 환경은 변화되고 성령의 능력은 나타난다. 그리스도 예수의 사람으로 거듭난 사람은 영적인 권세를 가진다. 하나님의 자녀가 되는 영적인 권세를 가진 사람은 새로운 신분이 보장된다.

그리스도 예수의 사람은 성령의 능력 안에서 하나님의 자녀가 되는 권세를 마음껏 누리게 된다. 그러므로 하나님의 자녀는 하나님의 부유하심과 풍성하심을 누리면서 천국으로 입성하게 된다. 얼마나 위대한 하나님의 구원 계획인가. 하나님은 성도들을 끝까지 책임지시면서 놀라운 구원을 이루신다. 그러므로 성령 충만해야 한다. 죄의 세력은 순식간에 내 영혼에 엄습할 수 있으므로 항상 깨어 말씀과 기도에 전념해야 한다. 사도 바울은 말씀한다.

> 항상 기뻐하라 쉬지 말고 기도하라 범사에 감사하라 이것이 그리스도 예수 안에서 너희를 향하신 하나님의 뜻이니라 성령을 소멸하지 말며 예언을 멸시하지 말고 범사에 헤아려 좋은 것을 취하고 악은 어떤 모양이라도 버리라 평강의 하나님이 친히 너희를 온전히 거룩하게 하시고 또 너희의 온 영과 혼과 몸이 우리 주 예수 그리스도께서 강림하실 때에 흠 없게 보전되기를 원하노라 **살전 5:16-23**

예수 그리스도 안에서 항상 기뻐해야 하는 이유는 성령을 소멸치 않기 위해서다. 그러므로 깨어 기도하고 항상 기뻐할 때 늘 성령 충만할 수 있다. 쉬지 말고 기도하고 범사에 감사하는 것은 그리스도 예수 안에 있는 하나님의 뜻이라고 사도 바울은 강조한다. 성령 충만하라. 성령의 통치하심에 완전히 순종하라. 이것이 하나님의 뜻이다. 예수 그리스도 안에서 항상 순종할 때 성령이 역사하시므로 성령은 소멸되지 않는다.

마지막 영적 원리는 믿음이다. 성령이 우리 심령 속에서 강하게 역사하시는 것을 믿음으로 받아들이기만 하면 된다. 믿음은 성령께서 역사하시도록 나를 주님께 맡기는 원리다. 믿음은 복음의 절대 능력 안에서 역사한다. 믿음이 있으면 하나님을 기쁘시게 할 수 있다. 믿음은 하나님에 대한 절대 신뢰에 근거한다. 그래서 믿음은 순종을 동반하는 충성과 신실함이라고 할 수 있다. 강력한 믿음의 사람에게는 성령의 강력한 역사가 일어난다. 성령은 심령을 강건하게 하시고 믿음으로 말미암아 살게 하신다.

> 복음에는 하나님의 의가 나타나서 믿음으로 믿음에 이르게 하나니 기록된 바 오직 의인은 믿음으로 말미암아 살리라 함과 같으니라 롬 1:17

믿음이 없이는 하나님을 기쁘시게 하지 못하나니 하나님께 나아가는 자는 반드시 그가 계신 것과 또한 그가 자기를 찾는 자들에게 상 주시는 이심을 믿어야 할지니라 히 11:6

속사람을 강건하게 하라

그의 영광의 풍성함을 따라 그의 성령으로 말미암아 너희 속사람을 능력으로 강건하게 하시오며 **엡 3:16**

사람은 겉사람과 속사람으로 되어 있다. 사람은 보이는 부분이 전부가 아니며 보이지 않는 속사람이 있다. 속사람이 강건해야 한다. 겉사람이 건강한 것보다도 속사람이 더 중요하다. 속사람은 심령이며 나의 영혼이다.

겉사람은 후패하지만 속사람은 날로 새로워지는 것이 그리스도 예수의 사람이다. 주의 영으로 충만한 사람은 날마다 심령이 새롭고 강건함을 느낀다. 성령의 이끄심을 받고 말씀의 통치를 받으며 온전히 순종하는 사람은 속사람이 성령의 능력으로 강건하다.

말씀과 성령의 통치를 받으면 속사람이 강건해진다. 연단을 받고 훈련을 받은 사람은 영적으로 성장하며 속사람이 강건하여 경건에 힘쓰게 된다.

신앙생활의 목표는 예수 그리스도를 닮아 내 속사람이 강건해지고 영적으로 성장하는 것이다. 그것이 믿음이요, 영적 분량이다. 영적으로 성장하는 것이 속사람이 강건해지는 것이다. 예수님을 믿고 거듭난 성도의 목표는 영적 성장이다.

겉사람은 영적인 것보다는 눈에 보이는 환경의 지배를 받는다. 물질이나 질병에 지배를 받으며 또한 상황에 따라 자신의 결단이 흔들릴 수도 있다. 그러나 속사람이 강건한 그리스도 예수의 사람은 세상 풍조에 휩쓸리지 않는다. 환경에 지배를 받는 것이 아니라 성령의 지배를 받으며 말씀의 통치를 사모한다.

속사람이 강건한 사람은 언제 어디서든지, 어떤 상황이든지 하나님의 풍성하심으로 인해 좌절하거나 낙심하지 않는다. 성령의 능력으로 속사람이 강건해서 그 믿음이 결코 흔들리지 않는다. 그렇다면 어떻게 하면 속사람이 강건해지겠는가?

속사람이 강건해지는 비결은 성령으로 말미암는다. 강건한 속사람은 성령의 능력과 그 역사하심으로 성장을 이룬다. 성령의 능력은 속사람을 하나님의 영광의 풍성함을 따라 강건하게 하신다.

영적 성장이 부재한 것은 육체나 마음의 문제가 아니라 영혼의 문제다. 하나님의 풍성하심이 내 속에 충만하기를 원하는가? 성령의 통치를 사모하라. 속사람이 강건하게 되는 것은 하나님의 풍성하심의 영광이 내 속에 차고 넘칠 때다.

영적으로 성장해야 한다. 그리스도 예수의 장성한 분량에 이르기까지 영적으로 성장하고 속사람이 강건해야 세상을 이기고 원수 마귀를 이기고 죄의 유혹을 이길 수 있다. 성령의 통치를 받으면 그의 영광의 풍성하심이 내 속에 가득 채워진다.

> 그가 또한 우리에게 인치시고 보증으로 우리 마음에 성령을 주셨느니라 고후 1:22

그리스도 예수의 사람은 성령이 마음에 내주하신다. 예수 믿고 거듭나서 성령이 우리 안에 내주하시지만 나의 의가 강하면 결국 성령의 역사가 일어나지 않는다.

다윗은 죄를 범했을 때 주의 성령을 거두지 말라고 눈물로 기도하지 않았던가. 죄를 지으면 성령께서 탄식하신다. 죄 때문에 성령의 인도를 받지 못한다.

육신이 원하는 마음, 완악하고 강퍅하고 인색하고 잔인한 그런 육적인 마음이 가득하면 성령께서 일하시지 않는다. 그래서 사도 바울도 성령을 소멸치 말라고 간곡히 말했다(살전 5:19).

사람의 마음은 만물보다 거짓되고 부패하기 때문에 성령을 좇아 행하는 것이 쉽지 않다. 그러나 그리스도 예수의 사람은 성령을 사모하며 성령의 통치를 기대한다. 성령으로 충만하여 세상을 이기는 사람이 된다. 성령은 불순종의 굳은 마음을 제거하고 말씀에 순종하는 부드럽고 온유한 마음을 주신다. 성령께서 속사람을 강건케 하신다.

속사람은 말씀과 성령의 능력으로 강건해진다. 내 안에 계신 성령께서 마음껏 역사하실 수 있도록 영적 분위기를 만드는 것이다. 그러기 위해서 정욕과 탐심을 십자가에 못 박아야 한다.

그리스도 예수의 사람은 바로 이런 특권을 가진 사람이다. 성령의 내주하심을 통해 성령의 통치를 받으며 성령과 함께 영원한 나라를 누린다. 죄 때문에 성령의 통치를 받을 수 없었던 사람들이 그리스도의 십자가 사건으로 인해 성령과 함께 거하게 된다.

우리가 하나님께 나아가는 것이 아니라 하나님이신 성령께서 우리 안에 찾아오셔서 내주하시게 되는 것이 위대한 특권이다. 성령께서 오셔서 보증해주시고 변화하게 하시며 하나님의 성품과 능력으로 새로운 삶을 살도록 하셨다. 또한 다른 사람을 살릴 수 있는 절대적인 복음의 능력까지 위임하셨다. 그래서 그리스도 예수의 사람은 하늘의 권세와 권능으로 그리스도의 제자가 되어 땅끝까지 이르는 증인의 삶을 살게 된다.

성령은 우리 각 사람을 성전 삼으시고 예배자가 되게 하셨다. 인간의 이해를 초월하는 능력으로 속사람을 강건하게 하신 것은 십자가의 능력이다. 더군다나 이방인인 우리가 주의 복음으로 위대한 복을 누리게 된 것이다.

인간은 원래 자기 마음대로 살기를 원한다. 속사람은 악한 본성을 지녔다. 죄 짓고 하나님을 대적하고 육체에 속하여 내 마음과 내 뜻대로 살아야 직성이 풀린다. 그런 가치관이 변하여 하나님의 뜻을 이루고 거룩한 사역을 할 수 있는 사람으로 변화된다는 것이 기적 아닌가.

속사람이 연약해서 하나님의 뜻을 알지도 못하고 자기 방식대로 살 수 밖에 없는 사람이 성령의 지배를 받으면 의와 진리와 거룩함을 좇는 새사람으로 변화된다. 우리의 속마음이 죄의 소굴이 되지 않도록 철저하게 성령께서 성전을 삼아 주신다.

> 하나님을 따라 의와 진리의 거룩함으로 지으심을 받은 새 사람을 입으라 엡 4:24

속사람이 강건해지는 비결은 말씀과 기도이다. 성령의 이끄심을 받는 길도 말씀과 기도이다. 속사람은 하나님의 말씀과 기도로 거룩해진다(딤전 4:5). 말씀은 병든 속사람을 치유하고, 깨끗하게 청소하고, 풍성한 영광의 복음으로 충만하게 채워주신다.

기도하는 사람은 망하지 않는다. 하나님은 풍성한 말씀의 영광으로 그리스도 예수의 속사람을 성령으로 채워주신다. 지성적인 말씀이 아니라 기도로 녹아진 살아있는 말씀이다. 기도로 녹아진 말씀은 영혼의 양식이다. 그리스도 예수의 사람은 말씀과 기도로 거룩해진 사람이다.

그리스도 예수의 사람은 속사람이 강건하기에 그 누구도 그리스도의 사랑에서 끊을 수 없다. 환난이나 곤고나 박해나 기근이나 적신이나 위험이나 칼이라도 그 어떤 것에서도 그 사랑하심에서 끊을 수 없다.

> 누가 우리를 그리스도의 사랑에서 끊으리요 환난이나 곤고나 박해나 기근이나 적신이나 위험이나 칼이랴 롬 8:35

그리스도 예수의 사람

그리스도 예수의 사람들은 육체와 함께 그 정욕과 함께 탐심을 십자가에 못 박았나니 **갈 5:24**

그리스도 예수의 사람은 어떤 사람일까. 심령이 강건한 사람이며 속사람이 말씀과 기도로 거룩해진 사람이다. 특히 그리스도 예수의 사람은 사도 바울의 말씀처럼, 정욕과 탐심을 육체와 함께 이미 십자가에 못 박아버린 사람이다. 그리스도 예수의 사람은 그리스도께 소유된 사람이고, 예수님의 제자이며 하나님의 종이다. 무엇보다도 아브라함의 복이 상속된 자이며, 그의 약속을 따라서 성령을 선물로 받은 자이다.

그러므로 그리스도 예수의 사람은 이미 그 육체와 함께 정욕과 탐심을 십자가에 못 박았다는 사실을 알아야 한다. 물론 실질적으로 자신의 육체를 십자가에 못 박는 행위를 뜻하는 것은 아니다. '십자가에 못 박았다'는 의미는 믿음으로 십자가의 사건을 자신의 실존적 사건으로 받아들였다는 것이다.

육체는 타락하고 부패한 인간의 본성을 가리킨다. 그리스도 예수의 사람은 죄의 세력에 얽매여 있는 육체를 이미 십자가에 못 박아 죽인 것이다. 그리스도에게 속한 자이며, 그리스도의 영으로 하나가 되었으며, 그리스도 안에 있는 사람이라는 의미다.

하나님이신 예수께서 십자가에 못 박힌 그 사건은 당시로서는 가장 이해할 수 없는 사건이었다. 사도 바울이 전하는 그리스도 예수의 사람은 저주 받은 십자가에 자신의 육체를 못 박아야 한다는 것이 역설이었다.

그리스도 예수의 사람들의 가장 큰 특징은 자기의 육체를 그 정욕과 탐심과 함께 십자가에 못 박는 사람들이다. 정욕과 탐심은 부패하고 타락한 육체로 인해 파생되었다. 그러나 그리스도의 십자가는 그리스도의 죽음으로 인해 정욕과 탐심을 파괴시키셨다. 십자가는 육체의 죽음 대신에 생명의 성령으로 대치되었다.

인간의 본성인 육체가 십자가에서 죽어야 하는 이유가 그리스도와 함께 죽고 그리스도와 함께 살기 위해서다. 육체의 소욕은 성령을 거스르고 대적한다. 그래서 육체의 소욕을 그리스도 예수와 함께 십자가에 못 박았음을 선포하게 된다. 내가 원하는 육체의 소욕은 이미 내가 아니다. 나는 그리스도 예수와 함께 십자가에 죽은 것이다.

> 이에 예수께서 제자들에게 이르시되 누구든지 나를 따라오려거든 자기를 부인하고 자기 십자가를 지고 나를 따를 것이니라
>
> 마 16:24

그리스도 예수의 사람들은 이렇듯 끊임없이 자기를 부인하며, 자기 부인self-deny으로 훈련된 사람들이다. 자신의 육체적 감정이나 야망, 또한 자신의 목적을 이루려는 애착들을 십자가에 못 박는 것이다. 아무나 그리스도 예수의 사람이 되는 것은 아니다. 그러려면 자기를 부인하고 십자가에 못 박는 고통이 따른다.

자기에 대한 이기적인 애착을 포기하는 데서 오는 고통은 십자가에 못 박는 것과 같은 아픔이 있다. 그러나 그로 인해 그리스도와 함께 십자가에 못 박히고 그리스도와 함께 영광에 참여하는 기쁨은 가히 상상할 수 없다. 자기를 부인함으로 서슴없이 십자가를 지고, 그리스도와 함께 친밀한 사랑을 나누라. 그 어떤 고통보다 훨씬 영광스러운 은혜가 기다릴 것이다.

자기를 부인하고 포기하는 것은 이기적인 자기 사랑에 사로잡힌 자기 애착을 포기하게 한다. 그러나 쉽지 않다. 사람은 끊임없

이 자기 자신의 요구대로 살려고 한다. 그것은 정욕과 탐심과 자기 사랑 때문이다. 자기 욕구가 채워지지 않을 때 혈기를 부리게 되고 강퍅한 마음이 된다. 미움과 시기와 질투와 분노가 생긴다.

노아 홍수 심판 때, 하나님은 모든 혈육 있는 자들의 포악함이 땅에 가득하므로 그들을 심판하셨다. 포악했다는 것은 혈기로 충만했다는 의미다. 왜 그렇게 혈기로 충만하게 되었을까? 하나님보다는 자기중심적으로 자기 애착과 자기만족을 위해 살았기 때문이다. 그래서 하나님은 강포한 자들, 포악한 자들, 악한 자들을 전부 물로 심판하셨다.

> 그 때에 온 땅이 하나님 앞에 부패하여 포악함이 땅에 가득한지라 하나님이 보신즉 땅이 부패하였으니 이는 땅에서 모든 혈육 있는 자의 행위가 부패함이었더라 하나님이 노아에게 이르시되 모든 혈육 있는 자의 포악함이 땅에 가득하므로 그 끝날이 내 앞에 이르렀으니 내가 그들을 땅과 함께 멸하리라 창 6:11-13

그리스도 예수의 사람은 바로 이런 혈기를 십자가에 이미 못 박았다는 것이다. 그리스도 예수의 사람에게 가장 큰 걸림돌은 혈기이며 포악함이며 악한 생각들이다. 이러한 것들은 십자가에 못 박아야 한다.

정욕은 음행과 음란을 포함한다. 소돔과 고모라는 정욕 때문에 망했다. 그러므로 그리스도 예수의 사람은 정욕을 십자가에 못 박아야 한다.

> 소돔과 고모라 성을 멸망하기로 정하여 재가 되게 하사 후세에 경건하지 아니할 자들에게 본을 삼으셨으매 무법한 자들의 음란한 행실로 말미암아 고통당하는 의로운 롯을 건지셨으니
> 벧후 2:6-7

탐심을 십자가에 못 박아야 한다. 탐심, 즉 욕심이 잉태한즉 죄를 낳고 죄가 장성한 즉 사망을 낳는다고 말씀하셨다(약 1:15). 인간은 탐심 때문에 망한다. 탐심 없는 사람은 없다. 탐심은 언제나 교만을 가져온다. 탐심과 교만은 동일하게 하나님을 대적한다.

교만은 하나님을 대적하는 것이다. 하나님은 교만한 자를 대적하시되 겸손한 자들에게는 은혜를 베푸신다고 말씀하셨다(벧전 5:5). 교만은 패망의 선봉이며 거만한 마음은 넘어짐의 앞잡이다(잠 16:18). 혈기, 정욕, 탐심, 교만을 전부 십자가에 못 박아야 한다.

그리스도 예수의 사람은 이 모든 것을 십자가에 이미 못 박은

것이다. 그렇지 않으면 그리스도 예수의 사람이 될 수 없다. 그러면 어떻게 이 모든 것을 십자가에 못 박느냐 하는 것이다. 그리스도 예수의 사람이 이런 추악한 자신을 십자가에 못 박는다는 뜻은 대체 어떻게 하라는 것일까? 어떻게 해야 고래 힘줄보다 더 질긴 자기 애착을 포기할 수 있겠는가?

십자가에 못 박는 길은 기도라는 것을 뼈저리게 경험한다. 진정으로 자기를 부인하고, 그리스도 예수의 사람이 되는 길은 기도밖에 없다. 나를 십자가에 못 박는 방법은 기도다. 단순히 입술로 중얼대는 기도가 아니다. 우리 주님께서 십자가를 지시기 전, 땀방울이 핏방울이 되기까지 기도하셨던 것처럼 전심을 쏟는 기도를 말한다.

그리스도 예수의 사람은 기도의 사람이다. 쉬지 않고 기도하는 삶이 되어야 한다. 기도는 인간이 인간에게 하는 행위가 아니라 하나님께 드리는 신령한 행위다. 영적인 세계에서 이루어지는 영적 행위다.

기도는 영혼의 호흡이다. 호흡을 중지하면 어떻게 되겠는가? 기도하지 않는 것은 영혼의 호흡이 끊어진 것과 마찬가지다. 기도가 끊어졌다면 영적 감각은 거의 죽은 상태다. 기도 쉬는 것이 하나님 앞에 범죄 행위임을 알아야 한다. 기도 쉬는 죄는 간음하고 도둑질하고 사기를 치는 것과 같은 범죄 행위다(삼상 12:23).

쉬지 말고 기도하라 살전 5:17

기도를 쉬면 어떤 현상이 나타나는가? 혈기가 슬슬 올라오고 마음이 점점 강퍅해진다. 영적인 것보다는 육체적인 것들이 강해진다. 욕심이 차고 화내지 않으려 해도 화가 난다.

피곤이라는 이름으로, 바쁘다는 이름으로, 다양한 사건들로 혈기를 부리고, 정욕으로, 음란으로 넘어뜨리고, 욕심과 교만이 부글부글 끓게 만든다. 그래서 인생을 완전히 도둑질하고 죽이고 멸망당하게 한다(요 10:10).

그리스도 예수의 사람은 자신의 심령이 깨끗하도록 쉬지 말고 기도해야 한다. 기도가 경건의 능력이다. 혈기, 정욕, 탐심과 교만을 모두 십자가에 못 박는 사람은 자신의 영성을 잘 관리한다. 기도 쉬는 죄를 범하지 않고 날마다 불퇴진(不退陣)의 기도를 드리는 사람이다. 이 사람이 바로 그리스도 예수의 사람이다.

그리스도 예수의 사람은 성령의 통치를 받으며 복음의 절대 능력을 누린다. 은혜의 지배 아래서 날마다 자신을 쳐서 그리스도 예수께 복종한다. 그래서 사도 바울은 날마다 죽노라고 고백한다.

형제들아 내가 그리스도 예수 우리 주 안에서 가진 바 너희에 대한 나의 자랑을 두고 단언하노니 나는 날마다 죽노라 고전 15:31

기도는 나를 쳐서 죽이는 도구다. 그리스도인이 자신을 죽이는 방법은 기도다. 사람은 육체를 가지고 있다. 혈기, 정욕, 탐심, 교만, 기도 쉬는 죄 등 온갖 죄의 세력들을 방어하기 위해 기도한다. 기도 없이는 결코 십자가를 질 수 없다. 기도의 무릎으로 나아가야 한다. 기도는 자신을 십자가에 못 박는 시간이다.

기도로 자신을 십자가에 못 박을 때 믿음이 생긴다. 어떤 믿음인가. 내가 그리스도와 함께 십자가에 못 박혔다는 사실이 믿어지는 믿음이다. 이미 내 육체와 함께 정욕과 탐심을, 십자가에 못 박힌 과거의 나 자신을 인정하는 믿음이다. 이미 율법의 정죄 아래 죽어버린 내가 그리스도와 함께 다시 사는 믿음이다.

내가 십자가에 못 박혀 죽은 사실은 과거형이다. 결과적으로 이미 십자가에 못 박혀 죽은 사람으로 선포하는 것이다. 그리스도 예수의 사람은 이미 그리스도와 함께 죽었음을 선포하는 기도의 사람임을 명심하라.

모든 기도와 간구를 하되 항상 성령 안에서 기도하고 이를 위

하여 깨어 구하기를 항상 힘쓰며 여러 성도를 위하여 구하라 엡 6:18

쉬지 말고 기도하라

쉬지 말고 기도하라 **살전 5:17**

사람이 어떻게 쉬지 않고 기도할 수 있을까? 하나님은 그리스도인들이 쉬지 않고 기도하기를 바라신다. 그러나 우리는 늘 생각하기를 '기도란 무엇인가' '왜 쉬지 말고 기도해야 하는가' '결과는 어떻게 될까' 등 인간적인 생각의 한계에 부딪힌다. 이런 생각은 어떤 상황을 이해하고 인식하는 사고 구조의 습관 때문이다. 그래서 하나님의 말씀을 오해할 때가 많다. 따라서 기도하지 않는다. 인간 중심적 사고는 말씀을 듣기만 하고 실행하지 않는다. 말씀이 내 삶의 중심이 아니라 나 자신이 내 삶의 중심이 되기 때문이다. 우리는 성경적인 사고를 갖도록 훈련해야 한다.

하나님의 말씀은 그대로 따르려는 생각이 우선되어야 하고 하나님 중심으로 사고하는 습관을 훈련해야 한다. 하나님을 경외하는 태도는 생각에서 출발한다. 하나님께서 말씀하시면 내가 하는 것이 아니라 하나님께서 하신다. 그것을 믿어야 한다. '왜 내가 그것을 믿어야 하는가?' 때로는 이렇게 반문한다. 이런 생각이 바로 인간적인 사고 구조의 이해이다. 하나님과 사람이 같아지려는 교만함에서 나온 발상이다. 하나님과 인간은 차원이 다르다.

그러므로 하나님께서 말씀하시면 즉시 행동으로 옮기는 사고 구조로 바꾸어야 한다. 신앙이 성장하려면 사고체계를 변화시켜야 한다. 하나님께서 말씀하시면 그 말씀대로 행동하는 구조로 바꾸어야 한다. 하나님께서 '하라'고 하셨으니까 행하는 것이 그리스도인의 의식 구조다. 하나님께서 말씀하시면 수용하고 실천하는 것이 주님이 기뻐하시는 그리스도인의 믿음의 구조다.

하나님께서 하신 말씀을 믿고 따르는 믿음의 자세가 중요하다. 하나님의 말씀을 두렵고 떨림으로 받아 순종하는 것이 당연하다. 말씀을 의심하기보다는 믿음을 성장시켜야 한다.

내가 해야 할 일은 믿는 것이다. 쉬지 말고 기도하라고 하시면 기도하면 된다. 기도를 쉬고 있다고 생각되는 그 순간부터 다시 기도하면 된다. 하루하루씩 그렇게 실천하면 된다. 실행해 보지도 않고 분석하고 따지고 계산하는 습관을 버려야 믿음이 성장한다.

기도가 얼마나 중요한가를 사도 바울은 누구보다도 잘 알고 있었다. 그래서 쉬지 말고 기도하라고 권면했다. 쉬지 말고 기도하는 것이 얼마나 인생을 풍요롭게 하며 기쁘게 하며 행복하게 하는지를 아시기에 주님은 우리에게 행복한 삶의 원리를 친히 몸소 가르쳐주셨다.

기도는 믿음과 절대적인 관계를 가진다. 기도와 믿음은 삶의 기둥과 같은 것이다. 내 삶의 모든 상황이 하나님께 초점을 맞추어서 움직이지 않도록 고정할 때 믿음의 기도가 된다. 쉬지 않고 기도하는 것은 쉬지 않고 하나님과의 초점을 맞추는 것이다.

쉬지 말고 기도하라는 말씀은 나와 하나님이 하나 되는 것이다. 그런 상태를 계속 유지하기 원하시는 분은 하나님이시다. 그러나 정작 기도해야 할 이유는 나에게 있다. 하나님과 연합하여 하나된다면 내 삶에는 아무런 문제가 없다. 전능하신 하나님께서 내 인생살이를 책임져 주시기 때문이다. 기도는 끊임없이 그것을 확인하는 시간이다. 하나님은 나의 중심을 살피시며 우리의 마음과 생각을 감찰하신다.

모든 이론을 무너뜨리며 하나님 아는 것을 대적하여 높아진 것을 다 무너뜨리고 모든 생각을 사로잡아 그리스도에게 복종

하게 하니 고후 10:4-5

쉬지 말고 기도하라는 말씀은 내 생각을 사로잡아서 그리스도께 복종하라는 강조적 의미다. 성령의 도우심을 받아야 쉬지 않고 기도할 수 있다. 내 마음과 생각이 내 문제에 사로잡히지 않고 온전히 주님만을 향하는 것이 쉬지 않고 기도하는 것이다. 다른 사람과 대화할 때마저도 내 마음 중심은 주님을 향하는 것이며 주님이 내 생각 속에서 떠나지 않게 하는 것이다.

한 시간, 두 시간, 세 시간 기도하라는 것은 쉬지 않고 기도하라는 의미다. 기도의 비결은 생각의 중심을 하나님의 말씀에 두는 것이며, 주님의 십자가에서 승리하신 복음의 능력을 묵상하는 것이다. 그리고 십자가의 사랑을 가슴으로 느끼는 것이다. 예수님께서 나의 죄를 위해 살 찢고 피 흘리셨음을 묵상하면서 구속의 사랑을 깨닫는 것이다.

그러나 만약 그 사랑하심을 느끼지 못한다면 심각한 문제에 처해 있는 것이다. 신앙이 매너리즘에 빠져 있다면 십자가의 사랑을 느낄 수 없다. 은혜를 회복해야 한다. 주님을 향한 전율하는 그 사랑에 울어야 한다.

십자가를 묵상하면 부정적인 생각이 사라진다. 오늘날은 사회

구조 자체가 부정적이며 세상은 부정적인 것으로 가득하다. 부정적인 생각은 사탄에게 틈을 주는 것이다. 십자가를 묵상하지 않는 것은 부정적인 것에 생각을 빼앗기는 것이다. 생각을 빼앗겨서는 안 된다. 마음은 하나님의 은혜로 가득 채우고 늘 말씀을 묵상할 때, 승리의 삶을 살 수 있다.

> 우리 가운데서 역사하시는 능력대로 우리가 구하거나 생각하는 모든 것에 더 넘치도록 능히 하실 이에게 엡 3:20

하나님은 우리가 생각하는 그 이상으로 채워주신다. 온갖 구하는 것이나 생각하는 것에 넘치도록 부어주신다. 그러므로 주님이 십자가에서 이루신 복음의 능력을 묵상함으로 긍정적 믿음의 그릇을 준비해야 한다.

내 인생의 모든 문제는 십자가에서 이미 해결되었다는 것을 묵상하고 기도하라. 삶에 문제가 있을 때 예수님의 십자가의 승리를 묵상하라. 현실을 바라보고 그 상황을 믿는 것이 아니라 하나님의 말씀을 믿고, 쉬지 말고 기도하라. 이것이 복음을 누리는 길이다.

예수님의 기도

예수께서 나가사 습관을 따라 감람 산에 가시매 제자들도 따라갔더니 그 곳에 이르러 그들에게 이르시되 유혹에 빠지지 않게 기도하라 하시고 그들을 떠나 돌 던질 만큼 가서 무릎을 꿇고 기도하여 이르시되 아버지여 만일 아버지의 뜻이거든 이 잔을 내게서 옮기시옵소서 그러나 내 원대로 마시옵고 아버지의 원대로 되기를 원하나이다 하시니 천사가 하늘로부터 예수께 나타나 힘을 더 하더라 예수께서 힘쓰고 애써 더욱 간절히 기도하시니 땀이 땅에 떨어지는 핏방울 같이 되더라 기도 후에 일어나 제자들에게 가서 슬픔으로 인하여 잠든 것을 보시고 이르시되 어찌하여 자느냐 시험에 들지 않게 일어나 기도하라 하시니라 **눅 22:39-46**

예수님은 늘 기도하셨다. 예수님은 어떻게 기도하셨을까. 하나님이신 그분은 왜 기도하셨을까. 우리는 예수님이 완전한 인간이셨음을 기억해야 한다. 완전한 하나님이시면서 완전한 인격을 가지신 인간으로 나셨다. 그러나 죄는 없으신 분이시다. 그런데 원수 마귀는 육체를 가진 예수님을 유혹했다.

예수님은 제자들에게 유혹에 빠지지 않도록(눅 22:40), 시험에 들지 않도록(눅 22:46) 깨어 기도하라고 하셨다. 사탄은 하나님의 아들이신 예수님도 죄를 짓도록 유혹했다. 온갖 시험에 빠트리기 위해 사탄은 끊임없이 유혹했다. 세상적인 온갖 방법으로 예수님을 유혹했지만 예수님은 결코 유혹당하지 않으셨다.

이 때에 예수께서 기도하시러 산으로 가사 밤이 새도록 하나님께 기도하시고 눅 6:12

예수님은 늘 기도하셨다. 밤을 새워 기도하시던 기도의 습관이 몸에 배이셨다. 예수님은 제자들과 함께 감람산에 오르셨을 때에도 제자들에게 기도하라고 말씀하셨다. 유혹에 빠지지 않도록 기도하라고 하셨다. 베드로, 야고보, 요한을 데리고 변화산을 내려왔을 때에도 귀신을 내쫓고 질병을 치유하는 사역은 결코 기도 외에는 이런 일들이 일어나지 않는다고 말씀하셨다.

이르시되 기도 외에 다른 것으로는 이런 종류가 나갈 수 없느니라 하시니라 막 9:29

사탄은 아담과 하와를 유혹하여 넘어뜨린 것처럼, 예수님과 제자들을 유혹하였고, 결국 가룟 유다를 넘어뜨렸다. 오늘날도 사탄은 기회를 노리면서 그리스도인들을 넘어뜨리려 한다.

마귀가 벌써 시몬의 아들 가룟 유다의 마음에 예수를 팔려는

생각을 넣었더라 요 13:2

원수 마귀는 가룟 유다에게 예수님을 팔 생각을 불어넣었다. 그가 기도했더라면 그런 유혹에 넘어가지 않았을 것이다. 그는 믿고 기도하기보다는 언제나 상황을 분석하고 계산하는 사람이었다. 그러므로 그리스도인은 원수 마귀의 시험에 넘어가지 않도록 기도로 깨어 있어야 한다. 그리스도 예수의 사람은 원수 마귀의 유혹을 이기기 위해서 기도하는 사람이다. 예수님은 하나님의 뜻을 이루기 위해 끝까지 기도하셨다. 땀이 땅에 떨어지기까지 기도하셨다.

이르시되 아빠 아버지여 아버지께는 모든 것이 가능하오니 이 잔을 내게서 옮기시옵소서 그러나 나의 원대로 마시옵고 아버지의 원대로 하옵소서 하시고 막 14:36

'내 원대로'라는 말은 육체를 좇는 일이며 십자가를 거부하는 일이다. 예수님은 내 원대로가 아닌 아버지의 원대로 하기를 끝까지 기도하셨다. 성령께서 돕고 주의 천사가 힘을 도왔다. 예수님은 십자가를 지시기 전, 이미 기도를 통해 사탄과의 영적 전쟁을 시작하셨다.

내 힘으로나 내 능력으로 기도하는 것으로는 내 육체를 쳐서 복종시킬 수 없다. 성령의 능력으로 기도해야 한다. 우리가 기도할 때 성령께서 도우신다. 기도는 내 인생을 도둑질하고 죽이고 멸망시키려 하고 내 사역이나 내 삶에 역사하는 악한 영들을 대적해서 물리치는 강력한 무기다.

우리가 100m 달리기를 할 때, 혹은 장거리 마라톤을 할 때도 출발 자세가 중요하다. 마찬가지로 기도를 시작하는 것은 영적 전쟁을 선포하는 출발과 같다. 영적 전쟁에는 보이지 않는 혈투가 벌어진다. 우리가 무릎을 꿇고 힘을 다해 기도할 때 원수 마귀는 반드시 쓰러진다.

우리가 기도의 무릎을 꿇는 것은 원수 마귀를 향해 마치 보이지 않는 소총이나 로켓포를 발사하는 것과 같다. 원수 마귀는 우리가 말씀에 은혜를 받지 못하도록 방해하며 끊임없이 복음의 광채를 가리고 사역에 집중하지 못하도록 한다.

예수님은 유혹에 빠지지 않도록 깨어서 기도하라고 강조하셨다. 그리스도 예수의 사람은 단순히 교양이나 쌓고 윤리적이고 도덕적인 신앙을 선택한 사람들이 아니다. 영적 전투를 벌이고 우리 인생을 죽이고 멸망시키고 패배하게 만드는 원수를 이기는 용사들이며 다른 영혼들을 위해서 기도하는 사람들이다. 계산하는 신앙이 아니라 믿음으로 기도하는 사람이 예수 그리스도의 사람이다.

날마다 승리의 쾌거를 거두는 사람이 기도하는 사람이다. 기도는 승리하게 한다. 어떻게 기도해야 할까? 예수님의 기도를 기억하라. 땀이 땅에 떨어지기까지 기도하셨던 것을 기억하는가.

중동 지방은 건조하며 더운 날씨다. 고온 건조한 열대 사막성 기후여서 땀이 잘 나지 않는다. 땀이 나려면 최소한 서너 시간 중노동을 해야 한다. 예수님은 온 힘과 마음과 생각과 뜻을 모아 육체의 한계를 넘어서는 기도를 하셨다. 우리나라의 복더위 때는 가만히 있어도 땀이 흘러내리고, 봄과 가을에는 조금만 운동해도 온몸에 땀방울이 맺힌다. 그러나 이스라엘은 사막 기후여서 땀이 나기 전에 깨끗하게 증발하기 때문에 땀이 흐른다는 개념은 이해하지 못한다. 그런데 예수님은 미처 증발하지 못한 땀이 흘러내리기까지 기도하셨다는 것이다.

예수님은 원수의 유혹을 이기고 십자가를 지시기 위해서 온 힘을 다해 기도하신 것이다. 예수께서 가지신 힘의 한계가 100%라면 자신의 육체의 힘의 100%를 완전히 소진하셔서 기도하셨다.

> 천사가 하늘로부터 예수께 나타나 힘을 더하더라 예수께서 힘쓰고 애써 더욱 간절히 기도하시니 땀이 땅에 떨어지는 핏방울 같이 되더라 눅 22:43-44

인간의 한계를 뛰어넘는 기도

그는 육체에 계실 때에 자기를 죽음에서 능히 구원하실 이에게 심한 통곡과 눈물로 간구와 소원을 올렸고 그의 경건하심으로 말미암아 들으심을 얻었느니라 **히 5:7**

그리스도 예수의 사람은 예수님의 기도의 모범을 본받는다. 예수님은 인간의 한계를 뛰어넘어 천사들이 돕는 기도를 하나님께 드렸다. 사도 바울 역시 셋째 하늘(고후 12:2)에 이끌려 갈 정도로 기도의 사람이었다. 그의 기도는 거시적이며 장엄하였다. 인간의 한계를 뛰어넘는 기도를 통해 그의 안목은 피조세계를 넘어 영적 세계를 바라보았다.

육체의 한계를 돌파하고 피조세계의 한계를 뛰어넘어 영적인 눈이 열려야 한다. 예수님은 영적 능력으로 기도하셨다. 예수께서 전심으로 기도할 때 주의 천사들이 도왔다는 것이다.

전력을 다해 기도할 때, 힘의 한계를 뛰어 넘어 기도할 때 영적 능력이 생긴다. 내 힘으로 기도하는 것이 아니다. 육체의 한계를 뛰어넘어 천사들이 힘을 더하는 기도를 할 때 영적인 능력으로 하나님의 뜻에 순종할 수 있다.

기도가 무엇인가? 나의 뜻을 포기하고, 나의 의지를 꺾고, 나를 부인하는 시간이다. 인간의 모든 의지를 하나님께 맡기는 시간이다. 성령께서 앞서 행하시는 시간이다. 정욕과 탐심을 십자가에 못 박는 시간이다. 하나님의 뜻을 알고 이루기 위해 하나님의 사람이 되는 시간이다.

영으로 기도하는 사람은 주의 천사들이 돕고 하나님의 영광의 보좌에 상달되게 한다. 온 힘을 다해 전심으로 부르짖어야 한다. 육신의 한계를 느낄 수도 있다. 윤리적이고 도덕적인 기독교를 찾을 것인가, 아니면 하나님의 뜻을 이루는 하나님의 사람이 될 것인가? 그리스도 예수의 사람은 기도에 생명을 건다.

그는 육체에 계실 때에 자기를 죽음에서 능히 구원하실 이에게 심한 통곡과 눈물로 간구와 소원을 올렸고 그의 경건하심으로 말미암아 들으심을 얻었느니라 히 5:7

예수님은 육체로 계실 때에 처절한 기도를 드리셨다. 하나님의 저주와 심판으로 죽을 수밖에 없는 운명에 놓인 인류를 바라보시는 주님의 눈에는 눈물로 가득하셨다. 그래서 주님은 심한 통곡과 눈물로 간구와 소원을 하나님께 드렸고 경건에 이르도록 자신을 훈련하셨다. 육신의 힘이 아니다. 영의 간구였다. 영혼을 향한 애통과 눈물의 간구였다. 기도하실 때마다 영의 부르짖음을 듣게 된다.

오늘날 신학이 발달되고 뛰어난 설교가들은 많지만 깊은 영성을 가진 대가들을 찾아보기 어렵다. 왜 그럴까? 주님처럼 영혼을 바라보며 애끓는 기도를 하지 않기 때문이다. 심한 통곡과 눈물로 기도하지 않는다. 예수님의 기도 방법을 따르는 사람이 참으로 드물다.

예수님은 결코 자신의 죄 때문에 심한 통곡과 눈물로 기도하신 것이 아니다. 바로 우리의 죄 때문에 기도하셨다. 인류의 죄를 담당하시고 십자가에 죽으시기 위해 전심전력으로 기도하셨다. 하물며 죄 많은 우리는 어떻게 기도해야 하는가? 말할 것도 없다. 주님처럼 죄악에 사로잡힌 영혼을 바라보며 하나님의 긍휼을 바라는 기도를 드려야 한다. 영적으로 성숙한 그리스도 예수의 사람은 다른 영혼을 위해서 간절히 기도하게 된다.

예수님은 우리에게 기도를 가르쳐 주셨다. '시험에 들게 마옵시고 악에서 구하옵소서.' 우리 중에 주님께서 가르쳐주신 기도문으로 심하게 통곡하며 애절하게 기도하는 사람은 없을 것이다. 그러나 우리는 주님께서 기도하신 방법을 집중해서 살펴보아야 한다.

주님은 육체에 계실 때에 하나님의 아들이시면서도 고난으로 순종을 배우셨다. 하나님의 말씀에 순종하시기 위해서 그렇게 기도하신 것이다. 기도하지 않으면 순종할 수 없다. 순종 훈련은 기도에서 출발된다.

두날개교회의 성도들은 최소한 하루 1시간 이상은 기도한다. 셀리더는 2시간, 교역자는 3시간을 기도해야 사역을 감당할 수 있다. 왜 3시간씩 기도하라고 하는가? 주님께만 마음을 고정시키고 성령께 집중하라는 의미다. 내 힘으로 하나님의 사역을 감당하는 것이 아니라 성령께서 역사하시도록 나를 십자가에 못 박는 시간이다. 기도는 영적 육적 훈련이다.

기도는 전심으로 하나님께 매달리는 시간이다. 기도하지 않으면 인간적인 힘과 방법으로 사역하게 된다. 성령께서 하시도록 사역의 현장을 내어드려야 한다. 내 힘만으로는 사명을 감당할 수 없다. 사역의 열매는 주께서 이루신다. 내 힘이 아님을 명심하라. 성령의 능력으로 감당해야 한다.

비전을 이루고 땅 끝까지 가서 복음의 증인이 되기 위해 기도하

라. 순교도 성령의 능력으로 감당하는 것이다. 주의 성령으로 충만해야 한다. 내 심령 안에 영적 분위기를 만들고 성령의 능력으로 심한 통곡과 눈물로 회개하면서 나 자신을 십자가에 못 박을 때 힘의 한계를 뛰어넘는 능력 있는 기도를 할 수 있다.

기도는 영적 능력을 부여 받는 시간이다. 기도함으로 영적 능력을 향상시킬 수 있다. 기도의 용사가 돼라. 회개하며 엎드려 기도할 때 그리스도 예수의 사람으로 성장한다. 엎드려 기도할 때마다 심한 통곡과 눈물로 기도하신 주님을 묵상하라. 십자가에 자신을 못 박고 육신의 한계를 돌파하는 기도를 할 때 하늘의 기쁨을 맛보게 된다.

기도는 학식이 있든 없든 상관없다. 부자든 가난하든 무관하다. 그리스도 예수의 사람은 누구든 기도할 수 있다. 거룩한 하나님의 사람으로 생육하고 번성하고 정복하고 충만하고 다스리기 위해 기도의 자리로 나아오라.

그리스도 예수의 사람은 불순종하는 굳은 마음을 제하고 부드러운 마음으로 기도한다. 하나님께서 일하실 것을 기대하면서 인간의 한계를 뛰어넘는 기도를 하게 된다.

그리스도 예수의 사람은 주님의 기도를 본받는다. 자기를 쳐서 그리스도께 복종시키며 주의 영으로 충만할 때까지 육신의 한계를 뛰어 넘는 기도를 드린다. 하나님의 형상을 회복하고 그리스도의 나라를 확장하기 위해 기도한다. 인간의 편견과 선입견을 버리고 오로지 그리스도 예수의 사람이 되어 하나님의 때를 기다리며 기도한다.

기도의 사람은 맘몬주의를 벗어나 항상 가난한 마음으로 천국을 사모한다. 기도의 사람은 세상의 경제 논리에 지배받는 것이 아니라 하늘의 원리로 세상을 다스린다. 기도를 훈련함으로 정욕과 욕심으로 점철된 세상적 가치관이 하나님 나라의 가치관으로 변화된다.

인생의 목적과 방향이 바뀌는 시간도 기도할 때다. 배운 말씀이 내 가슴으로 흘러내리는 것도 기도할 때다. 기도에 목숨을 걸어야 영적 능력이 생긴다.

사도 바울은 쉬지 말고 기도하라고 권면한다(살전 5:17). 선지자 사무엘은 기도 쉬는 죄를 범하지 않을 것이라고 고백하였다(삼상 12:23). 기도하지 않는 것이 죄임을 기억해야 한다. 기도하지 않으면 죄의 유혹에 넘어가기 때문이다. 원수 마귀는 우리를 넘어뜨리기 위해서 쉬지 않고 유혹한다. 유혹에 빠지지 않고, 시험에 넘어지지 않기 위해 악에서 구하시기를 간절히 기도해야 한다. 쉬지 말고 기도해야 한다. 그리스도 예수의 사람은 쉬지 않고 기도로 깨어 있게 된다.

기도하지 않으면 강해지는 것은 영이 아니라 육이다. 육신이 강해지면서 교만이 올라오고, 혈기가 생기고 온갖 탐심과 정욕들이 내 인생을 죽이고 도둑질하고 멸망시키려 할 것이다.

사도 바울은 빌립보 옥에 갇혀서도 기도했다. 내 힘의 한계를 뛰어넘는 기도를 하였을 때 주의 천사들이 옥문을 열었다. 어떤 상황이라도 기도는 원수 마귀를 이기는 능력으로 나타난다. 우리의 영적 싸움은 혈과 육을 상대하는 것이 아니다.

> 우리의 씨름은 혈과 육을 상대하는 것이 아니요 통치자들과 권세들과 이 어둠의 세상 주관자들과 하늘에 있는 악의 영들을 상대함이라 엡 6:12

세상의 물살이 아무리 거세도 그리스도 예수의 사람을 이길 수는 없다. 그리스도 예수의 사람은 하나님의 비전을 품고 이 시대의 가치관과 습관을 따르지 않는다. 그리스도 예수의 사람은 기도로 타락한 세대의 거친 파도를 거슬러 오른다. 그리스도 예수의 사람은 육체의 한계를 뛰어 넘는 기도의 사람이 된다. 불붙는 믿음의 기도는 당면한 문제를 극복하고 육체의 한계를 뛰어 넘어 경건의 능력으로 불가능을 가능으로 만든다.

그리스도 예수의 사람은 불타는 비전을 품고 기도한다. 그리스도 예수의 사람은 기도로 자신을 십자가에 못 박고, 기도로 예수님과 함께 죽고 예수님과 함께 산다. 기도함으로 생명의 성령의 법의 통치를 받게 된다. 육체의 한계를 뛰어 넘는 기도를 통하여 창조적인 새 능력을 위임받는다. 세상의 장애물을 뛰어넘어 하나님의 뜻을 이루는 기도, 정욕과 탐심의 야망을 십자가에 못 박고 그리스도 예수의 새사람이 되는 기도, 부패하고 타락한 세상을 뒤집어엎고 하나님의 나라를 회복할 수 있는 그리스도 예수의 사람의 기도를 하나님은 지금도 기대하신다.

내가 그리스도와 함께 십자가에 못 박혔나니 그런즉 이제는 내가 사는 것이 아니요 오직 내 안에 그리스도께서 사시는 것이라 이제 내가 육체 가운데 사는 것은 나를 사랑하사 나를 위하여 자기 자신을 버리신 하나님의 아들을 믿는 믿음 안에서 사는 것이라 갈 2:20

The Absolute Power of the Gospel

하나님이 나사렛 예수에게 성령과 능력을 기름 붓듯 하셨으매
그가 두루 다니시며 선한 일을 행하시고 마귀에게 눌린
모든 사람을 고치셨으니 이는 하나님이 함께 하셨음이라

행 10:38

PART 3

말씀과 성령의 능력으로

- 말씀과 성령의 능력으로
- 성령의 역사가 없는 사역
- 성령 충만의 유익
- 성령 충만의 필요성
- 성령이 하시는 일
- 하나님을 만나는 방법
- 성령이 역사하시는 통로
- 성령 충만의 비결

말씀과 성령의 능력으로

모든 기도와 간구를 하되 항상 성령 안에서 기도하고 이를 위하여 깨어 구하기를 항상 힘쓰며 여러 성도를 위하여 구하라 또 나를 위하여 구할 것은 내게 말씀을 주사 나로 입을 열어 복음의 비밀을 담대히 알리게 하옵소서 할 것이니 **엡 6:18-19**

미국 켄터키 주 윌모어 시 애즈베리신학교Asbury Theological Seminary 선교대학원 원장을 역임하고, 『불신자에게 열린 교회가 성장한다*Church For The Unchurched*』라는 책의 저자인 조지 헌터 3세George Hunter III는 축제의 예배를 드리는 교회가 부흥한다고 말했다.

왜 축제 하는 예배일까? 집을 떠난 탕자들이 돌아오기 때문이다. 죄인이 의인으로 인정되고, 잃어버린 영혼들이 아버지의 집으로 돌아오기 때문이다. 집 나간 탕자가 돌아왔을 때, 아버지는 동네 사람들을 불러서 잔치했다.

하나님의 나라가 선포되면 복음의 비밀이 열리고, 송이꿀보다 더 달콤한 영의 말씀을 먹게 된다. 그 위대한 말씀은 두려움의 하나님이 아니라 용서의 하나님, 친구 되신 예수님을 만나게 한다.

나를 부르시는 하나님의 말씀, 예배 속에 임재하시는 성삼위 하나님, 그래서 주 예수의 영으로 충만한 예배, 성령의 기름 부으심이 넘치는 축제 하는 예배가 된다. 죄인이 하나님을 만나는 감격은 형언할 수 없는 기적이다.

주님의 몸 된 교회는 그리스도의 풍성하신 말씀으로 세워진다. 사람을 살리는 하나님의 능력은 말씀의 능력이다. 주님은 말씀으로 찾아오시고 내 안에 계신 성령께서는 그 말씀을 깨닫게 하신다. 그러므로 말씀과 성령은 함께 일하신다.

내 삶은 말씀과 성령의 능력으로 변화한다. 가치관이 변하고 삶의 목표가 달라진다. 하나님께서 부르신 자는 말씀으로 충만케 하시고 성령의 능력을 공급하신다. 말씀과 성령으로 비전을 이루시고 말씀과 성령으로 사명을 감당하게 하신다.

'두날개로 날아오르는 건강한 교회'는 말씀과 성령의 두날개를 가진다. 두날개교회는 말씀으로 충만하고, 성령으로 충만한 제자들의 교회이다. 주님의 제자들은 주님이 주신 비전을 이루기 위해서 말씀과 성령의 능력으로 충만하다. 늘 깨어 기도하면서 삶의 모든 정황을 성령의 능력으로 감당한다.

선포한 말씀은 성령께서 이루신다. 하나님의 나라는 말에 있지 않고 능력에 있다(고전 4:20). 우리가 말씀을 붙들고 기도하면 성령께서 우리의 기도와 간구를 헛되지 않게 하신다. 반드시 이루신다. 말씀과 성령은 함께 일하신다. 따라서 우리가 비전을 이루려면 말씀과 성령의 능력으로 충만해야 한다.

두날개교회들은 영적인 목표와 사역의 목표가 있다.

영적인 목표는 예수 그리스도의 장성한 분량이 충만한 데 이르기까지 영적으로 자라나는 것이다. 또한 사역의 목표는 주님 주신 세계 비전을 이루는 것이다. 이것을 이루려면 말씀과 성령의 능력으로 충만해야 한다.

주님의 몸 된 교회는 말씀으로 죄인을 변화시켜 성령의 통치 안에 살게 한다. 교회는 말씀과 성령의 능력으로 죄인을 변화시키는 영적 용광로이다. 말씀은 새사람이 되게 하고, 에스겔 골짜기에 마른 뼈와 같은 인생들이 주의 말씀을 들을 때 생기가 돋고 살아나게 된다. 성령께서 죽은 영혼들을 회복시키시고 살리신다. 말씀과 함께 성령께서 치유하시고 온전케 하신다.

말씀은 능력이다. 사도 베드로가 말씀을 외칠 때 3천 명, 5천 명이 회개하고 돌아왔다. 하나님의 말씀은 새 힘을 주고 소망과 위로와 기쁨의 사람으로 변화시킨다.

예수 그리스도의 생명에 대한 충격을 주고, 사명에 대한 충격을 주고, 복음에 대한 충격을 준다. 갈급한 영혼이 해갈되고, 낙심한 영혼이 새 힘을 얻으며, 사명자들이 일어나고 충성된 자들이 능력을 회복한다.

성령께서 말씀을 깨닫게 하신다. 진리의 말씀, 능력과 권세의 말씀, 자유와 해방과 치유와 회복의 말씀, 교훈의 말씀, 위대한 하나님의 말씀이 선포되면 성령께서 이루신다.

말씀이 나를 사로잡으시고, 성령이 나를 사로잡으신다. 말씀이 역사하시면 성령께서 함께 역사하신다. 말씀의 능력이 성령의 능력이다.

내 안에 하나님의 말씀이 깨알처럼 박힐 때, 성령께서는 내 안에 충만히 임하신다. 그래서 성령께서는 나의 혼과 영과 관절과 골수까지 찔러 쪼개시면서 내 마음과 생각과 뜻을 판단하시고 그 말씀의 깊이를 깨닫게 하신다.

> 하나님의 말씀은 살아 있고 활력이 있어 좌우에 날선 어떤 검보다도 예리하여 혼과 영과 및 관절과 골수를 찔러 쪼개기까지 하며 또 마음의 생각과 뜻을 판단하나니 히 4:12

성령의 역사가 없는 사역

아볼로가 고린도에 있을 때에 바울이 윗지방으로 다녀 에베소에 와서 어떤 제자들을 만나 이르되 너희가 믿을 때에 성령을 받았느냐 이르되 아니라 우리는 성령이 계심도 듣지 못하였노라 바울이 이르되 그러면 너희가 무슨 세례를 받았느냐 대답하되 요한의 세례니라 바울이 이르되 요한이 회개의 세례를 베풀며 백성에게 말하되 내 뒤에 오시는 이를 믿으라 하였으니 이는 곧 예수라 하거늘 그들이 듣고 주 예수의 이름으로 세례를 받으니 바울이 그들에게 안수하매 성령이 그들에게 임하시므로 방언도 하고 예언도 하니 모두 열두 사람쯤 되니라 **행 19:1-7**

예수를 믿는다고 하면서도 신앙생활이 재미없고 기도가 잘 안 되는 이유는 무엇일까? 성령의 능력이 아닌 내 힘과 능력으로 신앙생활을 하기 때문이다. 성령의 능력이 없는 삶과 사역은 열매도 기쁨도 없다. 인간의 힘과 능력으로는 도저히 해결될 수 없는 것들이 영적인 일이다. 첫 번째는 죄의 문제이다. 내가 아무리 착하게 산다고 할지라도 내 안에 있는 원죄는 결코 지워지지 않는다. 인간은 어머니의 뱃속에서 나올 때부터 죄성을 지니고 태어난다. 또한 살면서 짓는 자범죄도 인간의 힘으로는 해결할 수 없다.

예를 들어 사람들이 거미줄을 싫어해서 빗자루로 걷어낸다고 거미줄이 완전히 제거되는가? 아니다. 거미가 있는 한 여전히 거미는 또 거미줄을 칠 것이다. 거미줄을 해결하려면 거미를 잡아야 한다.

예레미야는 만물보다 거짓되고 부패한 것은 마음이라고 말씀한다(렘 17:9). 내 안에 죄를 짓고 싶은 마음이 계속 일어나는 이유는 죄의 세력에 사로잡혀 있기 때문이다. 그래서 사도 바울은 고백한다.

> 내 지체 속에서 한 다른 법이 내 마음의 법과 싸워 내 지체 속에 있는 죄의 법으로 나를 사로잡는 것을 보는도다 롬 7:23

성령을 받아야 죄의 문제를 해결할 수 있다. 내 힘과 내 능력이 아니라 성령의 능력으로 죄를 다스려야 한다.

인간의 힘으로 해결할 수 없는 두 번째는 죽음의 문제다. 누구도 자신의 힘과 능력으로는 죽음의 문제를 해결할 수 없다. 태어나는 것은 순서가 있어도 죽는 것은 순서가 없다. 죽음의 문제 역시 인간의 힘과 지혜로 해결할 수 없기에 무력한 인간은 절망하게 된다.

> 한 번 죽는 것은 사람에게 정해진 것이요 그 후에는 심판이 있으리니 히 9:27

예수님은 심판 받아야 할 우리를 살리시기 위해서 죽음을 이기시고 다시 살아나셨다.

> 예수께서 이르시되 나는 부활이요 생명이니 나를 믿는 자는 죽어도 살겠고 무릇 살아서 나를 믿는 자는 영원히 죽지 아니하리니 요 11:25-26

예수님은 십자가의 죽음에서 사망 권세를 이기시고 부활하셨다. 사망에 빠진 우리를 건지셨고, 또 건지실 것이며 이후에도 건지시겠다고 약속하셨다. 그러므로 예수님을 믿는 우리는 죽음을 두려워할 것 없다. 죽음 이후는 심판이 아니라 기쁨과 영생과 천국을 누리기 때문이다.

세 번째는 악한 감정이 문제다. 동생을 돌로 쳐 죽인 가인을 보라. 감정 문제가 조절되지 않았기 때문이다. 그래서 살인까지 하게 된다. 미움, 시기, 질투, 원망, 두려움, 불안, 분노 등 인간의 그릇된 감정은 얼마나 무서운가. 관계를 다 파괴시켜 버린다.

가룟 유다가 마지막에 예수님을 왜 팔았을까? 자기 기대와 목적이 다른 예수님이 미웠기 때문이다. 예수님을 따라다니면서 자기의 야심을 채우려던 계획이 수포로 돌아가자, 스승이신 예수님을 팔아버린 것이다.

악한 감정은 스승도 팔고, 부부 관계도 쪼개 버리고, 부모 자식도 원수가 되게 한다. 모든 관계를 파괴시키고, 내 인생을 무덤처럼 황폐하게 만든다. 감정은 진리가 아니다.

그리스도인들은 마땅히 악한 감정 대신에 예수님을 닮은 사랑과 용서와 화목의 감정을 가져야 하지만 그것마저 마음먹은 대로 되지 않기에 절망한다.

불안한 마음도 내 힘으로 해결할 수 없다. 건강 문제, 경제 문제, 관계 속에서 일어나는 다양한 문제들이 내 인생에 찾아올까 봐 불안해한다. 불안이 격심하면 공포가 된다.

인간이 불안해하는 이유는 무엇일까? 어린아이를 예로 들어보자. 아이는 길을 잃었을 때, 대부분 아이들의 심리는 울면서 길을 헤맨다. 가족이 보이지 않으니까 두렵고 불안하다. 마찬가지로 하나님을 떠난 인생은 이와 같다. 눈에 보이는 것 없고, 귀에 들리는 것 없고, 손에 잡히는 것이 없는 성도들은 늘 불안하다. 믿음이 없기 때문이다.

불안한 것은 믿음 없는 제자들도 마찬가지였다. 스승이신 예수님이 자신을 보내신 이에게로 가신다고 하자, 제자들의 마음에는 근심이 가득했다. 예수님이 하늘로 올라가시면 이 험한 세상을 어떻게 살까 하는 것이 불안의 이유였다.

예수님은 “내가 세상 끝 날까지 너희와 항상 함께 있으리라”고 말씀하셨지만 제자들이 여전히 두려워한 까닭은 성령과 함께하지 않았기 때문이다.

사도행전 2장에서 오순절 날 마가의 다락방에 제자들에게 불같이, 바람같이 성령이 임재하신 후, 제자들은 원수 마귀를 물리칠 영적 군사로 변화되었고 담대히 생명 바쳐 복음을 전하는 증인이 되었다. 성령의 능력 없이는 어떤 사역도 감당할 수 없다. 실패나 실수가 반복되면 과도한 스트레스로 인해 낙심과 좌절감이 찾아온다. 때로는 영적 침체가 찾아오기도 한다.

불의 사자 엘리야의 경우가 이에 해당된다. 아합 왕의 아내 이세벨이 엘리야를 죽이겠다고 협박했다. 엘리야가 누군가? 갈멜 산 제단 위에 하늘로부터 불을 끌어내린 선지자다. 그래서 바알의 선지자 450명을 쳐 죽인 하나님의 사람이다. 그런데도 엘리야는 이세벨의 말 한마디가 두려워 광야로 도망가 로뎀나무 아래에서 여호와께 차라리 죽여 달라고 하소연했다. 엄청난 영적 대전투를 치른 후, 엘리야의 마음이 허탈해진 것이다. 영적 침체이다. 엘리야는 인간적인 생각이 앞섰다. 그러나 이런 때에는 성령께서 내 안에 충만하실 때까지 예수님께 기도하면 된다.

예수님은 "내가 너희를 고아와 같이 버려두지 아니하리라"고 말씀하셨다(요 14:18). 우리는 영적 고아가 아니다. 예수님이 우리와 함께 하신다면 누가 우리를 대적하겠는가. 그래서 예수님은 성령을 보내셨다.

바울이 에베소에 이르러 요한의 세례만 받은 어떤 제자들을 만났을 때, 바울은 그들에게 질문했다. "너희가 믿을 때에 성령을 받았느냐(행 19:2)." 그들은 "아니라 우리는 성령이 계심도 듣지 못하였노라"고 대답했다.

> 아볼로가 고린도에 있을 때에 바울이 윗지방으로 다녀 에베소에 와서 어떤 제자들을 만나 이르되 너희가 믿을 때에 성령을 받았느냐 이르되 아니라 우리는 성령이 계심도 듣지 못하였노라 바울이 이르되 그러면 너희가 무슨 세례를 받았느냐 대답하되 요한의 세례니라 바울이 이르되 요한이 회개의 세례를 베풀며 백성에게 말하되 내 뒤에 오시는 이를 믿으라 하였으니 이는 곧 예수라 하거늘 그들이 듣고 주 예수의 이름으로 세례를 받으니 바울이 그들에게 안수하매 성령이 그들에게 임하시므로 방언도 하고 예언도 하니 모두 열두 사람쯤 되니라 행 19:1-7

바울이 예수에 관한 복음을 전한 후 그들에게 안수하자, 성령이 그들에게 임하시므로 12명 정도가 방언도 하고 예언도 하는 역사가 일어났다. 에베소 교회는 성령 받은 12명을 통해 폭발적인 부흥이 일어났고 이방 선교에 전력하게 되었다.

그가 내게 대답하여 이르되 여호와께서 스룹바벨에게 하신 말씀이 이러하니라 만군의 여호와께서 말씀하시되 이는 힘으로 되지 아니하며 능력으로 되지 아니하고 오직 나의 영으로 되느니라 슥 4:6

성령의 역사가 없는 사역이 문제다. 인생의 모든 것은 내 힘과 능력으로 하는 것이 아니라 오직 성령의 능력으로 감당해야 한다. 우리는 예수 그리스도를 믿음으로 죄와 사망과 저주에서 구원받고 해방되었다. 그럼에도 죄, 죽음, 감정적인 문제에 얽매여 자유하지 못하는 것은 성령님을 전적으로 의지하기 않았기 때문이다.

우리가 예수님을 믿을 때 성령은 우리 안에 내주하신다. 그런데도 그리스도인들에게 왜 성령의 역사가 나타나지 않는 것일까?

육의 몸으로 심고 신령한 몸으로 다시 살아나나니 육의 몸이 있은즉 또 영의 몸도 있느니라 고전 15:44

우리는 육체의 오감을 통해서 물질적인 것, 환경적인 것을 체험하고 산다. 또한 마음으로는 감정 활동을 한다. 이성적으로 사고하고 과학적으로 분석하면서 지식을 얻는다. 우리의 영은 하나님과 교통하는 일을 한다.

육의 사람은 먹고 마시고 즐기는 것, 곧 육신의 정욕과 안목의 정욕과 이생의 자랑으로 꽉 차 있는 사람이다. 이성적이고 합리적이라서 자신이 경험하지 않은 것은 믿지 않으려는 경향이 있다. 그래서 자기중심적이고 육이 강한 사람을 인본주의자라고 한다. 때로는 그리스도인들에게 성령의 역사가 나타나지 않는 것은 그들이 육신을 좇기 때문이다. 그들은 스스로 인생의 어려운 문제를 해결하려고 하기에 기쁨을 누리지 못한다.

죄의 문제, 죽음의 문제, 감정의 문제, 실패의 두려움, 불안, 낙심, 좌절감, 영적 침체 등을 이기고 매일 승리하는 삶을 살려면 하나님과 깊이 교통하는 성령 충만한 사람이 되어야 한다. 결론은 성령 충만이다.

성령 충만은 초지일관 기도해야 할 기도 제목이다. 인간의 능력으로는 도저히 해결할 수 없는 많은 문제들을 해결하는 길은 주의 영으로 충만하여 주님께 맡기는 것이다.

만일 우리가 성령으로 살면 또한 성령으로 행할지니 갈 5:25

성령 충만의 유익

이에 베드로가 성령이 충만하여 이르되 백성의 관리들과 장로들아 만일 병자에게 행한 착한 일에 대하여 이 사람이 어떻게 구원을 받았느냐고 오늘 우리에게 질문한다면 너희와 모든 이스라엘 백성들은 알라 너희가 십자가에 못 박고 하나님이 죽은 자 가운데서 살리신 나사렛 예수 그리스도의 이름으로 이 사람이 건강하게 되어 너희 앞에 섰느니라 이 예수는 너희 건축자들의 버린 돌로서 집 모퉁이의 머릿돌이 되었느니라 다른 이로써는 구원을 받을 수 없나니 천하 사람 중에 구원을 받을 만한 다른 이름을 우리에게 주신 일이 없음이라 하였더라 **행 4:8-12**

사람은 누구와 함께하느냐에 따라서 그 인격이 달라진다. 만나는 대상을 통해 지대한 영향을 받기 때문이다. 럭비공처럼 어디로 튈지 모르는 청소년기는 성품과 인격이 형성되는 결정적인 시기이므로 더욱 중요하다. 그러기에 좋은 친구, 훌륭한 스승을 만나야 한다. 성령 충만을 받아야 하는 가장 중요한 이유는 성령이 바로 인생의 상담자이자, 스승이시기 때문이다.

부족한 인생들도 좋은 사람과 만나서 교제하면 행복하다. 전능하신 하나님이신 성령님과 대화하고 인생의 문제를 상담하고 앞길을 가르쳐 준다면 우리 인생이 얼마나 아름답게 변화되겠는가.

탐욕과 정욕과 온갖 죄악들이 넘쳐나는 세상에서 성령의 기름 부으심, 성령의 절대적인 영향력 속에 들어가기만 하면 내 삶은 의와 평강과 희락으로 충만하게 된다. 성령님은 얼마나 내 인생을 유익하게 하는가.

> 또 새 영을 너희 속에 두고 새 마음을 너희에게 주되 너희 육신에서 굳은 마음을 제거하고 부드러운 마음을 줄 것이며 겔 36:26

성령 충만을 받으면 변화가 생긴다. 성령의 열매가 맺히고, 성령의 은사와 전도의 열매가 나타난다. 성령의 열매는 사랑과 희락과 화평과 오래 참음과 자비와 양선과 충성과 온유와 절제이다. 성령의 열매는 하나님의 성품으로 우리를 변화시킨다. 성령 충만을 받으면 예수 그리스도의 장성한 분량으로 자라게 되고, 성령의 열매가 우리의 심령에 가득히 맺힌다.

성령의 열매가 내적인 변화라면 외적인 변화들은 성령의 은사들이다. 성령께서는 성도들이 전도의 열매를 맺게 하셨다. 즉 제자를 삼고 영혼을 구원하고 재생산하도록 도우신다. 성령의 은사는 사역을 통해 열매 맺게 하신다. 성령의 열매와 성령의 은사가 있으면 삶과 전도의 열매는 자연스럽게 맺힌다.

오직 성령의 열매는 사랑과 희락과 화평과 오래 참음과 자비와 양선과 충성과 온유와 절제니 이같은 것을 금지할 법이 없느니라 갈 5:22-23

초대 교회 때 제자들은 함께 모여 기도했다. 예수께서 승천하신 후 120명의 제자들이 마가의 다락방에서 10일 동안 전혀 기도에 힘쓰고 있을 때, 성령의 기름 부으심이 불의 혀같이 갈라지면서 제자들에게 임했다. 그때 제자들은 성령의 인도하심을 따라 다 각기 다른 언어로 말하였다고 한다.

오순절 날이 이미 이르매 그들이 다같이 한 곳에 모였더니 홀연히 하늘로부터 급하고 강한 바람 같은 소리가 있어 그들이 앉은 온 집에 가득하며 마치 불의 혀처럼 갈라지는 것들이 그들에게 보여 각 사람 위에 하나씩 임하여 있더니 그들이 다 성령의 충만함을 받고 성령이 말하게 하심을 따라 다른 언어들로 말하기를 시작하니라 행 2:1-4

갈릴리 촌의 어부에 불과했던 베드로는 예수님의 제자로 선택받아 3년 반 동안 양육과 훈련을 받았지만 그는 아무런 영향력도 행사할 수 없었다. 하지만 오순절 마가 다락방에서 성령을 받고 난 후로는 한 번 설교에 3천 명, 5천 명씩 회심하는 역사가 나타났다. 성령 충만한 베드로에게 말씀의 권세와 능력이 임했기 때문이다.

또 나면서부터 앉은뱅이로 걷지도 못하던 사람이 성전 미문에서 구걸하는 모습을 본 베드로가 나사렛 예수 그리스도의 이름으로 그를 회복시켰다. 그러자 수많은 사람들이 하나님께 영광 돌렸지만 이를 시기한 대제사장은 사도들이 무슨 권세와 누구의 이름으로 이 일을 행하는지를 물었다. 그때 베드로가 일어나 백성의 관리들과 장로들에게 예수 그리스도를 담대히 전했다.

무식한 어부 출신이 어떻게 당대 최고의 사람들을 상대로 담대히 하나님의 말씀을 전할 수 있었을까? 성경은 그 답을 주고 있다.

> 이에 베드로가 성령이 충만하여 이르되 백성의 관리들과 장로들아 만일 병자에게 행한 착한 일에 대하여 이 사람이 어떻게 구원을 받았느냐고 오늘 우리에게 질문한다면 너희와 모든 이스라엘 백성들은 알라 너희가 십자가에 못 박고 하나님이 죽은 자 가운데서 살리신 나사렛 예수 그리스도의 이름으로 이 사람이 건강하게 되어 너희 앞에 섰느니라 이 예수는 너희 건축자들의 버린 돌로서 집 모퉁이의 머릿돌이 되었느니라 다른 이로써는 구원을 받을 수 없나니 천하 사람 중에 구원을 받을 만한 다른 이름을 우리에게 주신 일이 없음이라 하였더라 행 4:8-12

베드로는 성령이 충만했다. 성령의 충만함은 영적 전쟁에서 승리할 수 있는 원리가 된다. 그리스도인들은 성령의 충만함을 사모해야 한다. 성령으로 충만하면 세상을 이기고 원수 마귀를 이길 수 있다. 복음을 증거할 때 위대한 역사가 일어난다. 내 능력의 한계를 뛰어넘어 생명을 걸고 복음을 증거 하게 된다.

성령 충만의 필요성

사도와 함께 모이사 그들에게 분부하여 이르시되 예루살렘을 떠나지 말고 내게서 들은 바 아버지께서 약속하신 것을 기다리라 요한은 물로 세례를 베풀었으나 너희는 몇 날이 못되어 성령으로 세례를 받으리라 하셨느니라 그들이 모였을 때에 예수께 여쭈어 이르되 주께서 이스라엘 나라를 회복하심이 이 때니이까 하니 이르시되 때와 시기는 아버지께서 자기의 권한에 두셨으니 너희가 알 바 아니요 오직 성령이 너희에게 임하시면 너희가 권능을 받고 예루살렘과 온 유대와 사마리아와 땅 끝까지 이르러 내 증인이 되리라 하시니라 **행 1:4-8**

우리가 성령으로 충만해야 하는 이유는 성부 하나님과 성자 예수님을 알리기 위해서다. 성령을 모르면 성부 하나님도 제대로 모르는 것이다. 또한 성령을 모르면 성자 예수님도 잘 모르게 된다. 성령이 오신 까닭은 성부 하나님과 성자 예수님을 잘 가르쳐 주시기 위함이다.

내가 아버지께로부터 너희에게 보낼 보혜사 곧 아버지께로부터 나오시는 진리의 성령이 오실 때에 그가 나를 증언하실 것이요 요 15:26

성령을 모르는 사람은 기독교의 진리를 모르는 것과 마찬가지다. 성령 체험 없이 성령과 교통이 없는 사람은 하나님을 이론과 지식적으로 아는 것이다. 성령이 조명하신 말씀의 깨달음을 통해 성부 하나님과 성자 예수님을 바르게 알고 믿게 된다. 그러므로 신앙생활에 기쁨이 넘치고 능력 받는 비결은 성령 충만에 있다.

성령님은 보혜사시다. 하나님과 그의 아들께서 성령을 보내주셨다. 예수님은 이 땅에 오셔서 죄를 사해주시고, 질병을 고치시고, 배고픈 자를 먹이시고, 죽은 자를 살리셨다. 하지만 함께 계시던 예수님이 이 땅을 떠났을 때 제자들은 낙심했다.

예수님이 곁에 계실 때는 모든 것이 가능했다. 오병이어 역사와 물이 변하여 포도주가 되고, 바다 위를 걷고, 귀신이 쫓겨나갔다. 그런데 예수님이 떠나신다고 했을 때, 제자들은 안절부절못했다. 그때 예수님이 또 다른 보혜사를 보내주시겠다고 제자들에게 약속하셨다.

예수님이 육신으로 오신 까닭은 피를 흘려서 우리 죄를 깨끗하게 씻어주시기 위함이다. 그리고 승천하셔서 이제는 영으로 보혜사 성령을 보내주시겠다고 약속하셨다. 예수님은 승천하셔서 하나님 보좌 우편에 계시지만 성령께서 우리와 함께 계셔서 이 세상 사는 끝 날까지 우리를 도우시겠다고 하셨다.

내가 너희를 고아와 같이 버려두지 아니하고 너희에게로 오리라 요 14:18

성령이 우리 안에 내주하시는 원리는 우리가 예수 그리스도를 나의 구주로 영접할 때이다. 그리고 우리 안에 계신 성령은 결코 떠나가지 않고 생명을 주시되 더 풍성하게 주신다고 약속하셨다.

예수님을 믿고 구원받았다는 것은 성령이 우리 안에 내주하신다는 의미이다. 그때부터 나는 그리스도와 함께 십자가에 못 박혔으므로 이제는 내가 사는 것이 아니요 내 안에 계신 성령의 능력으로 살아가게 된다.

보혜사 곧 아버지께서 내 이름으로 보내실 성령 그가 너희에게 모든 것을 가르치고 내가 너희에게 말한 모든 것을 생각나게 하리라 요 14:26

성령은 진리의 말씀을 깨닫게 하시는 우리의 스승이시다. 이렇게 위대한 스승이 계시는데도 혼자 힘으로 하겠다고 몸부림을 치기에 삶이 고달픈 것이다. 자신의 부족을 깨닫고 성령께 의지해야 한다. 그러면 성령께서 모든 것을 가르쳐 주시고 모든 것을 생각나게 하실 것이다.

예수께서 하나님의 아들이심을 믿는 자가 아니면 세상을 이기는 자가 누구냐 이는 물과 피로 임하신 이시니 곧 예수 그리스도시라 물로만 아니요 물과 피로 임하셨고 증언하는 이는 성령이시니 성령은 진리니라 요일 5:5-6

또한 성령은 진리이시고 증인이시다. 그리스도인들이 형식적으로 신앙생활을 하는 이유가 무엇일까? 성령을 무시하거나 성령에 대해 무지하기 때문에 내 안에 역사가 일어나지 않는 것이다. 성령은 내 안에 계시고 연약한 나를 돕는다. 그러므로 말씀을 들어도 깨달아지지 않고 말씀이 귀에 들어오지 않을 때 성령께 의탁해야 된다.

내가 아직도 너희에게 이를 것이 많으나 지금은 너희가 감당하지 못하리라 그러나 진리의 성령이 오시면 그가 너희를 모든 진리 가운데로 인도하시리니 그가 스스로 말하지 않고 오직 들은 것을 말하며 장래 일을 너희에게 알리시리라 그가 내 영광을 나타내리니 내 것을 가지고 너희에게 알리시겠음이라 무릇 아버지께 있는 것은 다 내 것이라 그러므로 내가 말하기를 그가 내 것을 가지고 너희에게 알리시리라 하였노라 요 16:12-15

성령은 주님의 말씀을 풀어주셔서 깨닫게 하신다. 예수님은 제자들이 말씀을 이해하지 못할 때 장차 성령이 오셔서 다 깨닫게 해 주신다고 하셨다. 성령은 오늘 우리에게도 주님의 말씀을 가르쳐 주시고, 내 눈을 열어 말씀의 역사를 보게 하신다.

성령이 하시는 일

그러나 진리의 성령이 오시면 그가 너희를 모든 진리 가운데로 인도하시리니 그가 스스로 말하지 않고 오직 들은 것을 말하며 장래 일을 너희에게 알리시리라 **요 16:13**

성령께서는 이 땅에 오셔서 어떤 일들을 하실까? 우리를 회개하게 만들고 거듭나게 하신다. 이전에는 교도소에 있는 사람이나 죄인인 줄 알았지, 우리가 죄인임을 몰랐다. 그러나 성령이 임재하시면 내가 죄인이라는 사실을 깨닫게 하신다. 나 같은 죄인을 대신하여 주님이 십자가에서 못 박히셨다는 사실을 깨닫게 하신다.

그러나 내가 너희에게 실상을 말하노니 내가 떠나가는 것이 너희에게 유익이라 내가 떠나가지 아니하면 보혜사가 너희에게로 오시지 아니할 것이요 가면 내가 그를 너희에게로 보내리니

그가 와서 죄에 대하여, 의에 대하여, 심판에 대하여 세상을 책망하시리라 요 16:7-8

우리 인생을 도둑질하고 죽이고 멸망시키려고 하는 어둠의 세상 주관자들과 하늘에 있는 악의 영들이 있다는 사실을 잊지 말아야 한다. 사탄은 하나님 말씀에 집중하지 못하도록 하고 그리스도의 믿음에서 떨어지게 한다.

사탄은 인간관계, 경제, 건강 등의 문제를 일으켜서 어떻게 하든 우리를 불행하게 만들려고 혈안이 되어 있다. 우리의 씨름은 혈과 육을 상대하는 것이 아니요, 통치자들과 권세들과 이 어둠의 세상 주관자들과 하늘에 있는 악의 영들을 상대하는 전쟁이다.

우리의 씨름은 혈과 육을 상대하는 것이 아니요 통치자들과 권세들과 이 어둠의 세상 주관자들과 하늘에 있는 악의 영들을 상대함이라 엡 6:12

보이지 않는 영들과의 전쟁에서 어떻게 승리할 수 있을까? 우리가 주 예수의 이름을 부를 때 성령께서 역사하시고 어둠의 영들은 한 길로 왔다가 일곱 길로 쫓겨 나간다. 예수 그리스도만이 우리의 죄악을 완전히 청산하시고 모든 억압된 결박을 풀어 주셔서 우리를 해방시켜 주신다. 그러므로 성령 충만하면 우리를 공격하는 사탄의 세력이 쫓겨나가게 된다.

그리스도인들이 예수를 믿어도 곤고한 이유는 무엇 때문일까? 숨은 죄가 있으면 마음은 곤고해진다. 그래서 침체에 빠진다. 신앙생활을 잘하고 싶은데 반복해서 짓는 죄 때문에 믿음이 없다.

오늘날 많은 사람들이 예수님을 믿지만 육으로는 세상을 섬기고 있다. 한 발은 교회에, 다른 한 발은 세상에 걸치고 살아간다. 그래서 곤고하다.

우리의 의지로는 육신의 정욕과 안목의 정욕과 이생의 자랑에서 빠져 나오지 못한다. 어떻게 하면 될까? 이것을 해결할 수 있는 방법이 말씀 안에 있다.

> 그러므로 이제 그리스도 예수 안에 있는 자에게는 결코 정죄함이 없나니 이는 그리스도 안에 있는 생명의 성령의 법이 죄와 사망의 법에서 너를 해방하였음이라 롬 8:1-2

지금 나를 곤고하게 만드는 것은 죄와 사망의 법이다. 죄와 사망의 법에 묶여서 빠져 나올 수가 없기에 육신의 정욕과 안목의 정욕과 이생의 자랑으로 자꾸 넘어지는 것이다. 이때 죄와 사망의 법에 얽매인 우리를 해방시켜 주시는 분은 성령이시다. 생명의 성령의 법이 죄와 사망의 몸에서 해방시키신다.

성령만이 하실 수 있다. 내 힘과 내 의지로는 전혀 할 수 없다. 우리가 무엇을 위해 기도해야 할지 모를 때, 성령은 말할 수 없는 탄식으로 우리를 위해 간구하시고 도우시는 분이시다. 그러므로 성령의 충만을 받아야 한다.

> 오직 성령이 너희에게 임하시면 너희가 권능을 받고 예루살렘과 온 유대와 사마리아와 땅 끝까지 이르러 내 증인이 되리라 하시니라 행 1:8

성령이 임하시면 우리가 능력을 받게 된다. 능력은 무엇인가? 육신의 정욕을 이기고, 이생의 자랑을 이기고, 안목의 정욕을 이기게 하는 것이 성령의 권능이다. 바로 이 권능 때문에 사탄의 세력들이 벌벌 떨고 떠나간다. 권능과 권세는 다르다. 예를 들면 경찰이 공권력으로 차를 세울 수 있는 힘이 권세라면, 권능은 군대가 전쟁할 때 적을 향해 쏘는 강력한 대포와 같다. 그러므로 땅 끝까지 예수님의 증인이 되는 삶을 살기 위해서는 사탄의 세력들을 결박할 수 있는 권능이 있어야 한다.

> 하나님이 한두 번 하신 말씀을 내가 들었나니 권능은 하나님

께 속하였다 하셨도다 시 62:11

권능은 오직 하나님께 속한 영역이다. 권능을 받기 위해서는 성령께 구해야 한다. 보혜사 성령은 우리에게 기도의 힘을 주실 뿐만 아니라 능력 있는 전도자가 되게 하신다. 항상 우리 안에 계신다.

하나님을 만나는 방법

그리스도는 모든 믿는 자에게 의를 이루기 위하여 율법의 마침이 되시니라 모세가 기록하되 율법으로 말미암는 의를 행하는 사람은 그 의로 살리라 하였거니와 믿음으로 말미암는 의는 이같이 말하되 네 마음에 누가 하늘에 올라가겠느냐 하지 말라 하니 올라가겠느냐 함은 그리스도를 모셔 내리려는 것이요 혹은 누가 무저갱에 내려가겠느냐 하지 말라 하니 내려가겠느냐 함은 그리스도를 죽은 자 가운데서 모셔 올리려는 것이라 그러면 무엇을 말하느냐 말씀이 네게 가까워 네 입에 있으며 네 마음에 있다 하였으니 곧 우리가 전파하는 믿음의 말씀이라 네가 만일 네 입으로 예수를 주로 시인하며 또 하나님께서 그를 죽은 자 가운데서 살리신 것을 네 마음에 믿으면 구원을 받으리라 사람이 마음으로 믿어 의에 이르고 입으로 시인하여 구원에 이르느니라 **롬 10:4-10**

우리가 보이지 않으시는 하나님을 어떻게 만날 수 있을까? 어떤 사람들은 기도하다가 하나님을 만났다고 하고, 어떤 사람은 환상을 보았다고 한다. 또 어떤 사람은 비몽사몽간에 하나님을 만났다고 한다. 하나님을 만나지 못한 사람들은 그들을 부러워할 것이다. 하지만 그런 식으로 하나님을 만나는 것은 믿음이 아주 연약한 자들을 위해서 하나님께서 그들의 눈높이를 맞춰주신 것이다. 그러나 그런 것만을 추구한다면 신비주의에 빠질 수 있고, 자기 믿음이 좋다는 착각에 빠질 수 있기 때문에 위험하다.

이와 같은 방법으로 주님을 만나보고 싶어 하는 사람에게 성경은 말씀한다. 주님을 만나기 위해 하늘에 올라가겠느냐, 아니면 땅 밑으로 내려가겠느냐, 우리 주님은 그렇게 만나는 것이 아니라고 한다(롬 10:6-8).

> 태초에 말씀이 계시니라 이 말씀이 하나님과 함께 계셨으니 이 말씀은 곧 하나님이시니라 요 1:1

많은 사람들은 우리 하나님이 구만리장천에 계신다고 생각한다. 그래서 너무 멀기에 하나님을 만날 수 없다고 여기며 포기하는 심정으로 산다. 전혀 그럴 필요가 없다. 하나님은 말씀하시는 하나님이시고 말씀이시다. 말씀이 곧 하나님이시기에 우리 주님은 말씀으로 만나게 된다. 말씀과 하나님은 뗄 수가 없다. 말씀은 곧 성부 하나님이시고 성자 예수 그리스도이시다. 말씀 안에 예수 그리스도가 계시고, 말씀 안에 삼위일체 하나님이 계신다.

그러므로 그리스도인들은 신비한 방법과 인위적인 노력으로 예수 그리스도를 만나는 것이 아니라, 기록된 말씀을 통해서 예수님을 나의 구주로 시인하고 내 마음에 모심으로 만나게 된다. 말씀은 다른 곳에 있지 않고 내 입에 있고 내 마음에 있기에 언제든지 성경책을 펼쳐서 말씀하시는 하나님을 만날 수 있다.

말씀을 떠난 신앙은 신비를 추구하거나 미신을 추구하기가 쉽다. 하나님께서는 이 말씀을 통해서 우리를 만나주시고 말씀을 통해서 역사하신다. 성경은 하나님이 곧 말씀이시요, 말씀이 곧 하나님이시라고 했다. 우리가 이 말씀을 한 권의 책으로 읽는 것이 아니라 하나님께서 말씀하신 것으로 읽고, 듣고, 배울 때, 말씀은 성령으로 말미암아 내 속에 살아서 역사하신다. 말씀이 곧 주님이시고, 주님이 곧 말씀이시다.

마태복음 8장에는 로마의 한 백부장이 예수님을 찾아왔다. 유대는 로마의 식민지였다. 백부장은 그 지역을 지배하는 우두머리였는데 그가 유대인 예수님을 찾아왔다. 그때는 예수님이 아직 그리스도라는 증거가 나타나지 않았을 때였다. 아무도 그를 그리스도라고, 메시아라고 인정하지 않았지만 백부장은 자존심을 내려놓고 주님을 찾아왔다. 자기가 데리고 있는 몸종이 중풍병에 걸려 앓아 누웠다는 것이다. 그는 주님께 간절히 부탁했다.

"주여, 제 하인이 중풍병으로 집에 누워 몹시 괴로워합니다. 제 하인을 좀 고쳐주십시오."

주님은 감동하셨다. 유대의 바리새인과 서기관들은 오히려 주님을 배척하고 인정하지도 않는데 이방인인 로마 사람이 찾아와 자신의 하인을 고쳐달라는 것이다.

이 백부장은 유대 민족을 사랑하고 또한 그들을 위하여 회당도

지어준 특별한 사람이었다. 주님도 착한 백부장의 소문을 잘 알고 계셨다. 그래서 주님은 기꺼이 가서 고쳐주시겠다고 말씀하셨다. 그러자 백부장은 펄쩍 뛰면서, "주님, 우리 집에 오시는 것이 제가 감당이 안 됩니다. 이 자리에서 말씀만 하십시오. 말씀만 하셔도 제 하인이 낫겠습니다. 제 수하에도 부하가 있는데 제가 좌하면 좌하고, 우하면 우합니다." 무슨 뜻인가? 백부장, 이 부족한 사람도 말 한 마디면 부하들이 움직이는데 전능하신 우리 주님 말씀 한 마디면 다 될 줄 믿는다는 것이다. 바로 이 확실한 믿음과 신앙 고백을 들으시고 주님께서 백부장에게 말씀하셨다.

"가라, 네 믿음대로 될지어다!" 이 말씀이 떨어지는 순간 백부장 집에 누워있던 하인이 고침받았다. 이것은 말씀이 주님이시고 주님이 곧 말씀이시라는 사실을 드러내고 있다. 말씀으로 우리 죄를 사해주시고, 말씀으로 귀신을 쫓아내주시고, 말씀으로 중풍병자를 고치시고, 말씀으로 초자연적인 역사를 일으키시는 것이다.

주님은 백부장의 종을 고치는 것으로 끝내지 않으시고 주변에 있는 사람들을 돌아보면서 그들에게 백부장을 칭찬하는 말씀을 하셨다.

> 예수께서 들으시고 놀랍게 여겨 따르는 자들에게 이르시되 내가 진실로 너희에게 이르노니 이스라엘 중 아무에게서도 이

만한 믿음을 보지 못하였노라 마 8:10

요한복음 11장에 마르다는 사랑하는 오라버니 나사로가 죽기 전에 예수님에게 사람을 보내 나사로가 아파서 죽어간다는 소식을 전했다. 예수님은 나사로가 곧 죽을 것이라는 사실을 아시면서도 그 계시던 곳에 이틀을 더 계셨다. 그리고 삼일 째 되는 날, 나사로의 동네로 가셨다. 나사로가 죽고 난 뒤였다. 예수님이 오시자 마르다가 섭섭함을 표현했다.

"주님, 조금만 일찍 오셨어도 제 오라비가 죽지 않았을 것입니다"(요 11:21). 능력이 있으신 주님이 빨리 오셨더라면 충분히 살릴 수 있었는데 왜 죽고 난 후에 오셨느냐는 것이다. 마르다는 시공간을 초월해서 역사하시는 우리 주님을 믿지 못한 것이다. 그런 마르다에게 주님께서 말씀하셨다. "네 오라비가 다시 살아나리라!"(요 11:23).

마르다는 예수님이 기적을 베풀어 주시겠다는 은혜의 말씀을 그대로 믿지 않고 먼 종말에 일어날 일로 받아들여서 "마지막 날 부활 때에는 다시 살아날 줄을 내가 아나이다"(요 11:24)라고 말했다. 이에 예수님은 마르다의 믿음을 불러일으키기 위해 생명의 말씀을 선포하셨다.

예수께서 이르시되 나는 부활이요 생명이니 나를 믿는 자는 죽어도 살겠고 무릇 살아서 나를 믿는 자는 영원히 죽지 아니하리니 이것을 네가 믿느냐 요 11:25-26

그러자 마르다가 고백했다. "주여 그러하외다 주는 그리스도시요 세상에 오시는 하나님의 아들이신 줄 내가 믿나이다"(요 11:27). 이것은 믿음의 고백처럼 보였지만 사실은 임기응변식 대답이었다. 집으로 가신 예수님이 나사로 무덤의 돌을 옮겨 놓으라고 하셨을 때 마르다는 "주여 죽은 지가 나흘이 되었으매 벌써 냄새가 나나이다"(요 11:39)고 말했다. 살 가능성이 없다는 것이다.

주님은 마르다를 책망하시면서 말씀하셨다. "내 말이 네가 믿으면 하나님의 영광을 보리라 하지 아니하였느냐"(요 11:40). 결국 큰 소리로 부르시는 주님의 생명의 말씀을 통해 나사로는 다시 살아났다.

예수님은 지금 하나님 보좌 우편에 앉아 계시지만 말씀으로 성령으로 우리와 영원히 함께하신다. 우리가 '아멘'이라고 시인하고 믿으면 역사가 일어난다.

하나님의 말씀은 살았고 그 말씀이 곧 하나님이시므로 우리는 말씀을 듣는 순간, 이성을 뛰어넘어 그 말씀을 믿음으로 받으면 된다. 우리가 해야 할 일은 하나님의 말씀을 믿는 것이다. 그러기 위해서는 어떻게 해야 할까?

인생의 문제들이 산재해 있을 때, 이것을 해결하기 위해 때로는 금식하고 철야하며 기도한다. 물론 이러한 기도는 우리 인생의 여러 난관들을 극복하게 한다. 하지만 우리가 분명히 알아야 할 것은 내 기도의 제목이나 삶의 근본적인 바탕은 이 말씀에서 나와야 한다는 것이다. 기록된 말씀이 이것을 증명해 주기 때문이다.

> 강하고 담대하라 너는 내가 그들의 조상에게 맹세하여 그들에게 주리라 한 땅을 이 백성에게 차지하게 하리라 오직 강하고 극히 담대하여 나의 종 모세가 네게 명령한 그 율법을 다 지켜 행하고 우로나 좌로나 치우치지 말라 그리하면 어디로 가든지 형통하리니 수 1:6-7

우리의 삶에 형통한 축복이 얼마나 필요한지 모른다. 그런데 형통한 축복은 우리가 열심히 노력하거나 선택을 잘 해서 생겨나는 것이 아니다. 하나님이 함께하셔야 형통하게 된다. 하나님께서 함께하시면 망하려고 해도 망할 수가 없다. 문제는 어떻게 하면 그러한 축복을 누리느냐는 것이다.

이 율법책을 네 입에서 떠나지 말게 하며 주야로 그것을 묵상하여 그 안에 기록된 대로 다 지켜 행하라 그리하면 네 길이 평탄하게 될 것이며 네가 형통하리라 내가 네게 명령한 것이 아니냐 강하고 담대하라 두려워하지 말며 놀라지 말라 네가 어디로 가든지 네 하나님 여호와가 너와 함께 하느니라 수 1:8-9

늘 말씀을 읽고 묵상하고 지켜 행할 때 어디로 가든지 형통하게 된다. 말씀이 곧 하나님이시다. 말씀과 함께하는 것이 하나님과 함께하는 것이다. 하나님이 함께하시면 형통한다. 말씀과 삶이 일치하도록 하신다.

오직 여호와의 율법을 즐거워하여 그의 율법을 주야로 묵상하는도다 그는 시냇가에 심은 나무가 철을 따라 열매를 맺으며 그 잎사귀가 마르지 아니함 같으니 그가 하는 모든 일이 다 형통하리로다 시 1:2-3

주님의 말씀을 주야로 묵상하는 자를 저 산에, 저 돌짝밭에, 저 바위 속에 심겨진 나무라고 하지 않고 시냇가에 심은 나무와 같다고 말씀하셨다. 시편 1편에 나오는 시냇가에 심은 나무는 사시사철 푸르며 열매를 맺는다. 아무리 영적으로, 육적으로, 경제적으로 기근이 와서 상황이 어렵다 할지라도 시냇가에 심은 나무는 형통하게 된다.

말씀 없이 구하는 모든 것은 기복적인 행위다. 우상 앞에, 미신 앞에 구하는 자들에게는 하나님의 말씀이 없다. 예수님을 믿어도 말씀이 없다면 이들과 무엇이 다르겠는가. 우리가 기도할 때 붙들어야 할 말씀은 주야로 묵상하는 말씀에서 나온다. 말씀 없이 구하는 그 모든 것들은 이방인들이 구하는 것과 다를 바 없다. 우리 주님은 말씀을 통해서 우리를 만나주시고 복을 주신다.

그러므로 우리가 말씀을 붙들면 성령의 역사가 일어난다. 말씀은 지혜와 지식과 총명과 능력을 받게 한다. 우리는 하나님의 말씀을 통해 하나님을 만나게 된다.

성령이 역사하시는 통로

예수께서 즉시 제자들을 재촉하사 자기가 무리를 보내는 동안에 배를 타고 앞서 건너편으로 가게 하시고 무리를 보내신 후에 기도하러 따로 산에 올라가시니라 저물매 거기 혼자 계시더니 배가 이미 육지에서 수 리나 떠나서 바람이 거스르므로 물결로 말미암아 고난을 당하더라 밤 사경에 예수께서 바다 위로 걸어서 제자들에게 오시니 제자들이 그가 바다 위로 걸어오심을 보고 놀라 유령이라 하며 무서워하여 소리 지르거늘 예수께서 즉시 이르시되 안심하라 나니 두려워하지 말라 베드로가 대답하여 이르되 주여 만일 주님이시거든 나를 명하사 물 위로 오라 하소서 하니 오라 하시니 베드로가 배에서 내려 물 위로 걸어서 예수께로 가되 **마 14:22-29**

목회를 하다보면 신앙생활을 잘 하다가도 갑자기 교회에서 안 보이는 성도들이 있다. 심방을 가서 그 이유를 물어보면 요즘 교회에 대해 흥미가 떨어져서 교회 가기 싫다는 것이다.

왜 이런 일이 일어날까? 여호와의 말씀을 주야로 묵상하지 않았기 때문이다. 말씀은 영의 양식인데 양식을 먹지 않았기 때문에 믿음에서 떨어지는 것이 당연하다.

영적 성장에도 지름길이 있다. 가장 기본이 되는 것이 수레바퀴의 삶을 지키는 것이다. 수레바퀴의 삶을 보면 중심 되신 그리스도, 테두리는 그리스도께 순종하는 생활, 그리고 중간에 6개의 살대인 예배, 말씀, 기도, 교제, 증거, 섬김이 있다. 그중에서 말씀을 묵상하고 실천하는 것이 가장 중요하다.

육의 사람은 자기 이성과 경험을 믿지만 성령 충만한 사람은 오직 하나님의 말씀을 믿는다. 이것은 성령의 사람의 특징이다. 성령의 사람은 이해가 안 되고 유익이 없어도, 눈에 보이는 것 없고 귀에 들리는 것 없고 손에 잡히는 것 없어도 하나님의 말씀을 그대로 믿고 순종한다.

예수님은 오병이어의 역사 후, 제자들을 건너편 가버나움으로 배를 타고 가게 하셨다. 그런데 제자들이 탄 배가 갈릴리 바다 중간쯤 왔을 때, 큰 바람이 불어 풍랑으로 고난을 당하게 되었다.

예수님은 그들을 구원해 주시기 위해 바다 위를 걸어 제자들에게 오셨다. 그러자 예수님을 유령으로 착각한 제자들이 무서워하여 소리를 질렀다.

예수님은 제자들을 안심시키기 위해 "안심하라. 나니 두려워하지 말라."고 말씀하셨다. 그러자 베드로가 당돌하게 "주여, 만일 주님이시거든 나를 명하사 물 위로 오라 하소서."라고 예수님께 요청했다.

주님이 "오라"고 말씀하시자, 베드로는 풍랑이 이는 바다에 즉시 뛰어내려 예수님께로 성큼성큼 걸어갔다. 이는 실로 대단한 믿음의 행동이다. 이와 같이 성령의 사람은 오직 말씀만 믿고 순종한다.

그러나 안타까운 것은 아무리 성령의 사람일지라도 지속적으로 성령 충만하기가 쉽지 않다는 것이다. 예수님만을 바라보고 걸어가던 베드로가 정신을 차려서 바람과 높은 파도를 보고 무서워하자, 그의 마음에 믿음이 사라지면서 물속에 빠져버렸다. 성령 충만한 사람은 어떤 사람일까? 말씀만 좇아 온전한 믿음을 가진 사람이다.

말씀을 좇아 믿음으로 산다는 것이 쉽지 않다. 내 힘으로는 안 된다. 그래서 성령의 도움이 필요하다. 성령이 임하시면 내 이성과 내 경험을 이길 수 있도록 권능으로 기름 부어 주신다. 육의 사람은 결코 하나님과 동행할 수 없다. 환경과 조건에 따라 믿음이 수시로 요동치기 때문이다.

언젠가 다산 정약용 선생이 장원급제를 할 때 제출한 답안지가 발견되었다. 그 답안지에는 '홍건적을 어떻게 하면 대처할 수 있는가?'라는 문제에 대한 방안이 적혀 있었다. 결국 그는 홍건적을 대처하는 방법에 관한 글로 과거에 급제를 했다.

정약용은 이 문제에 대한 답을 어떻게 쓸 수 있었을까? 이는 옛날 선비들이 공부하던 방법에서 찾아볼 수 있다.

우리 선조들이 공부하던 학습법은 책 한 권을 1,000번씩 읽었다는 것이다. 책 한 권을 1,000번 정도 읽으면 책 내용이 완전히 내 삶이 되어 버린다. 이처럼 우리 선조들은 내 삶이 될 때까지 읽고 또 읽었던 것이다. 정약용도 마찬가지다. 그는 학문을 연구할 때 그 지식이 내 삶 가운데 흘러넘칠 때까지 수천 번씩 읽고 또 읽어서 몸에 녹아내리게 했다.

우리도 마찬가지다. 여호와의 말씀을 주야로 묵상해서, 복 있는 사람 곧 성령 충만한 사람이 되어야 한다. 말씀을 따지거나 분석하는 것이 아니라 이 말씀이 그대로 내 삶 가운데 믿어져서 행해질 때까지 묵상하는 것이다. 그러면 우리가 어떻게 해야 이 능력의 말씀을 주야로 묵상할 수 있을까?

> 내가 사랑하는 주의 계명들을 스스로 즐거워하며 또 내가 사랑하는 주의 계명들을 향하여 내 손을 들고 주의 율례들을 작은 소리로 읊조리리이다 시 119:47-48

말씀을 즐거워해야 한다. 즐거워하지 않으면 이 말씀을 묵상할 수가 없다. 말씀 묵상을 즐거워할 때 이 말씀이 우리에게 복과 생명이 되는 것이다.

말씀은 내 인생의 문제를 해결해 주고, 이 말씀이 나에게 힘이 되고, 이 말씀이 나를 격려하고, 이 말씀이 내 운명을 바꾸게 한다. 그러므로 이 말씀을 주야로 묵상하는 것이 얼마나 유익한가.

하나님의 말씀을 생활 속에서 체험하려면 어떻게 하면 될까? 여호와의 말씀을 즐거워할 뿐만 아니라 매일 그 말씀에 집중하여 말씀을 누리는 삶은 어떻게 할 수 있을까?

> 내 아들아 내 말에 주의하며 내가 말하는 것에 네 귀를 기울이라 그것을 네 눈에서 떠나게 하지 말며 네 마음속에 지키라 그것은 얻는 자에게 생명이 되며 그의 온 육체의 건강이 됨이니라 잠 4:20-22

말씀이 생명이다. 영혼만 잘 되는 것이 아니라 온 육체까지 건강하게 되고 범사에 유익하다. 어찌하여 이런 현상이 나타나는 것일까?

길이요, 진리요, 생명이신 예수님의 말씀이기 때문이다. 그러므로 말씀 속에서 살아계신 하나님을 만나야 한다. 그러면 우리 입에 송이꿀보다 더 달게 되고 양날 검을 가진 날선 검이 되어서 내 심령의 골수까지 쪼개는 역사가 나타난다.

그리고 입으로 이 말씀을 시인해야 된다. "사람이 마음으로 믿어 의에 이르고 입으로 시인하여 구원에 이르느니라"고 했다(롬

10:10).

우리가 묵상한 말씀을 "믿습니다", "순종하겠습니다"라고 입술로 시인할 때 이 말씀이 믿음으로 변화되고 변화된 믿음으로 부활의 새 생명을 얻게 한다. "아멘 아멘", "믿습니다"를 입으로 시인해야 한다.

말에도 사람을 살리는 말이 있고, 또 사람을 죽이는 말이 있다. 육신의 말이나 원수 마귀의 말은 사람을 죽이지만 하나님의 말씀은 사람을 살린다. 그러므로 사람의 말이나 사탄의 속삭임도 듣지 말고 오직 삼위일체 하나님의 말씀만 믿고 그 말씀만 듣고 따라야 한다. 말씀이 있는 곳에 하나님이 계시고 하나님의 능력이 역사하신다.

중요한 것은 들은 말씀을 입술로 시인하고 믿으면 날마다 하나님의 부유하심과 풍성하심을 누리게 된다.

> 모든 육체는 풀과 같고 그 모든 영광은 풀의 꽃과 같으니 풀은 마르고 꽃은 떨어지되 오직 주의 말씀은 세세토록 있도다 벧전 1:24-25

이 세상은 아침 안개와 같고 인생은 들의 풀꽃과 같지만 하나님의 말씀은 영원하다. 말씀이 곧 하나님이요, 하나님이 곧 말씀이시다. 말씀을 내 눈에서 떠나지 말게 하고 늘 읽고, 묵상하고, 시인하고, 연구하고 그 말씀대로 살아갈 때 주 안에서 형통한 축복을 받는다.

성령 충만의 비결

오순절 날이 이미 이르매 저희가 다 같이 한곳에 모였더니 홀연히 하늘로부터 급하고 강한 바람 같은 소리가 있어 저희 앉은 온 집에 가득하며 불의 혀 같이 갈라지는 것이 저희에게 보여 각 사람 위에 임하여 있더니 저희가 다 성령의 충만함을 받고 성령이 말하게 하심을 따라 다른 방언으로 말하기를 시작하니라 **행 2:1-4**

모든 사람은 여자의 몸에서 태어난다. 그러나 예수님은 전혀 다른 방법으로 태어나셨다. 누가복음 1장 35절은 말씀한다. "천사가 대답하여 이르되 성령이 네게 임하시고 지극히 높으신 이의 능력이 너를 덮으시리니 이러므로 나실 바 거룩한 이는 하나님의 아들이라 일컬어지리라" 예수님은 성령의 역사로 태어나셨다.

또한 예수님은 성령의 역사로 사역을 시작하셨다. 마태복음 3장 16절에서 17절은 말씀한다.

예수께서 세례를 받으시고 곧 물에서 올라오실 새 하늘이 열리고 하나님의 성령이 비둘기같이 내려 자기 위에 임하심을 보시더니 하늘로부터 소리가 있어 말씀하시되 이는 내 사랑하는 아들이요 내 기뻐하는 자라 하시니라 마 3:16-17

성령은 예수님을 이끄셨다. 공생애를 시작하기 위해 40일 금식하실 때도 성령께서 이끄셨고, 마귀에게 시험 받으실 때도 성령께서 함께하셔서 승리하셨다. 그리고 회당에 들어가셨을 때도 이사야서를 인용해서 선포하셨다.

주의 성령이 내게 임하셨으니 이는 가난한 자에게 복음을 전하게 하시려고 내게 기름을 부으시고 나를 보내사 포로 된 자에게 자유를, 눈 먼 자에게 다시 보게 함을 전파하며 눌린 자를 자유롭게 하고 주의 은혜의 해를 전파하게 하려 하심이라 눅 4:18-19

예수님은 전적으로 성령에 사로잡혀서 사역하셨다. 예수님의 탄생에서 마지막까지의 모든 삶이 성령과 함께하셨다. 이제는 그 성령께서 우리와 함께하시며 우리와 함께 계실 것을 말씀하셨다.

내가 아버지께 구하겠으니 그가 또 다른 보혜사를 너희에게 주사 영원토록 너희와 함께 있게 하리니 그는 진리의 영이라 세상은 능히 그를 받지 못하나니 이는 그를 보지도 못하고 알지도 못함이라 그러나 너희는 그를 아나니 그는 너희와 함께 거하심이요 또 너희 속에 계시겠음이라 요 14:16-17

그리스도인들의 인격이나 성품이 주님처럼 변화되지 않는 이유는 무엇일까? 그릇이 깨끗하지 않기 때문이다. 그릇이 깨끗하지 않다는 것은 무슨 뜻일까? 죄를 회개하지 않은 것이다. 성령 충만을 받으려면 늘 죄를 회개해야 한다. 성령은 거룩한 영이기 때문이다.

베드로가 이르되 너희가 회개하여 각각 예수 그리스도의 이름으로 세례를 받고 죄 사함을 받으라 그리하면 성령의 선물을 받으리니 이 약속은 너희와 너희 자녀와 모든 먼 데 사람 곧 주 우리 하나님이 얼마든지 부르시는 자들에게 하신 것이라 행 2:38-39

성령의 능력이 없이는 세상도, 사탄도 이길 수 없다. 예수님의 제자들은 3년 반 동안 예수님께 직접 배웠지만 예수님처럼 능력을 행하지 못했다. 그런데 오순절 날 성령을 받고 나자 한순간에 큰 역사가 나타났다.

꼭 기억해야 할 것이 있다. 하나님은 사람을 통해서 일하신다는 사실이다. 어떤 사람일까? 하나님은 영이시기 때문에 성령께 사로잡힌 사람을 통해 일하신다. 성령은 보이지 않는다. 그래서 바람처럼 불처럼 역사하신다. 우리 평생에 가장 큰 기쁨은 성령의 사람이 되어 성령께 지배를 받는 것이다. 그러므로 회개하고 기도해서 성령의 기름 부으심을 충만히 받고 성령의 온전한 통치 속에 들어가야 한다. 그러면 능력 있는 증인으로 쓰임 받을 것이다.

성령님은 육체가 없으신 반면에 지, 정, 의 모든 것을 완전하게 갖춘 인격이시다. 그러기에 성령님을 인격적으로 만나야 한다. 그리고 내 안에 인격적으로 모셔 들여야 한다. 인격적으로 모신다는 것은 무슨 뜻일까?

> 믿음으로 에녹은 죽음을 보지 않고 옮겨졌으니 하나님이 그를 옮기심으로 다시 보이지 아니하였느니라 그는 옮겨지기 전에 하나님을 기쁘시게 하는 자라 하는 증거를 받았느니라
> 히 11:5

에녹이 죽음을 보지 않고 하늘로 옮겨졌던 이유는 무엇일까? 창세기 5장 24절에 말씀한다. "에녹이 하나님과 동행하더니 하나님

이 그를 데려가시므로 세상에 있지 아니하였더라" 하나님과 동행했기 때문이다. '동행한다'는 것은 성령 하나님을 인격적으로 모셔 들이는 것이다. 세상 사람들은 성령과 교통하는 사람들을 이해하지 못한다. 분명 아무도 없는데 누가 있는 것처럼 대화하기 때문이다. "성령님, 사랑합니다." "성령님, 어떻게 할까요?" 이렇게 성령의 인도를 받고 성령께 인생의 모든 문제를 상담할 때 모든 것이 합력하여 선을 이루게 하시고 또 우리 삶을 진리 가운데로 이끄신다.

이와 같이 성령도 우리의 연약함을 도우시나니 우리는 마땅히 기도할 바를 알지 못하나 오직 성령이 말할 수 없는 탄식으로 우리를 위하여 친히 간구하시느니라 마음을 살피시는 이가 성령의 생각을 아시나니 이는 성령이 하나님의 뜻대로 성도를 위하여 간구하심이니라 우리가 알거니와 하나님을 사랑하는 자 곧 그의 뜻대로 부르심을 입은 자들에게는 모든 것이 합력하여 선을 이루느니라 롬 8:26-28

그러므로 중요한 것은 성령과 교통하고 교제하는 것이다. 우리는 성령을 인격적으로 모셔 들이는 것으로 끝나는 것이 아니라 나아가 적극적으로 교제해야 한다. 성령은 인격이시기 때문에 교제하지 않으면 역사하지 않으신다. 그러므로 성령의 감동으로 기록된 말씀을 부지런히 묵상하고 읽어야 한다. 언제나 진리 안에 거해야 한다는 것이다. 그리고 성령과 대화하기 위해 늘 하나님의 말씀을 바탕으로 기도해야 된다. 예수 그리스도 안에서 열정적으로 기도하고, 성령의 인도하심에 따라 기도해야 한다.

성령은 우리가 하나님의 말씀을 듣고 읽고 묵상할 때 충만하셔서 모든 것을 깨닫게 하신다.

하나님이 보내신 이는 하나님의 말씀을 하나니 이는 하나님이 성령을 한량 없이 주심이니라 요 3:34

성령이 없이는 성부 하나님도 제대로 알 수가 없고 성자 예수님도 제대로 알 수가 없다. 성령을 모른다면 구원의 진리도 깨달을 수 없고 말씀도 깨달을 수 없다. 선포되는 말씀이 귀에 쏙쏙 들어오는 것은 진리의 성령이 도우시기 때문이다.

보혜사 곧 아버지께서 내 이름으로 보내실 성령 그가 너희에게 모든 것을 가르치고 내가 너희에게 말한 모든 것을 생각나게 하리라 요 14:26

“귀 있는 자는 성령이 교회들에게 하시는 말씀을 들을지어다”

이 말씀은 성경에 정확히 7번 나온다. 예수님께서 아시아의 일곱 교회들에게 하신 말씀이다. 아시아의 일곱 교회는 모든 역사에 나타난 모든 교회와 성도를 의미한다. 그렇다면 이 말씀은 성령이 우리에게 하시는 말씀이다. 성령은 지식으로 알 수 있는 것이 아니다. 말씀과 기도를 통해 실제적으로 성령과 인격적으로 교제하는 것이 성령과 동행하는 삶이요, 성령과 함께 하는 삶이다. 말씀과 성령의 능력으로 승리하자.

The Absolute Power of the Gospel

The Absolute Power of the Gospel

내가 이미 얻었다 함도 아니요 온전히 이루었다 함도 아니라
오직 내가 그리스도 예수께 잡힌 바 된 그것을 잡으려고 달려가노라
형제들아 나는 아직 내가 잡은 줄로 여기지 아니하고
오직 한 일 즉 뒤에 있는 것은 잊어버리고 앞에 있는 것을 잡으려고
푯대를 향하여 그리스도 예수 안에서 하나님이 위에서 부르신 부름의
상을 위하여 달려가노라

빌 3:12-14

PART 4

두날개로 날아오르는 사람들

- 복음으로 살리라
- 복음과 두날개 사역
- 두날개운동
- 역동적인 두날개 소그룹
- 제자 삼는 세계 비전
- 재생산하는 교회
- 하나님이 디자인하신 건강한 교회
- 꿈에도 소원은 재생산
- 두날개교회
- 하나님의 일하심
- 두날개로 날아오르는 사람들

복음으로 살리라

복음에는 하나님의 의가 나타나서 믿음으로 믿음에 이르게 하나니 기록된 바 오직 의인은 믿음으로 말미암아 살리라 함과 같으니라 **롬 1:17**

교회에 오래 다녔는데도 삶이 변하지 않는 까닭은 무엇일까? 복음의 가치를 모르기 때문이다. 최고로 좋은 것을 주어도 그 가치를 모른다면 그것을 소중히 여기지 않을 것이다. 백지수표를 갖고도 그 수표의 가치를 몰라 배곯아 죽는다는 이야기가 틀리지 않다.

하나님의 위대한 복음을 듣고 받기는 했지만 복음의 가치를 모르는 사람들이 많다. 그야말로 비극이다. 복음의 실체이신 예수 그리스도를 모르기 때문에 그분이 하신 일들이 무엇인지 실제적으로 가슴에 와 닿지 않는다.

성경은 하나님께서 창조하신 인간이 하나님의 말씀에 불순종하여 타락하였고, 하나님의 형상을 잃어버렸지만, 하나님께서는 창세 전에 이미 하나님의 아들 예수 그리스도로 말미암아 본래의 모습으로 회복시키시고 구원의 역사를 이루셨다고 증언한다. 이것이 복음이다.

성경의 핵심 키워드는 복음이다. 성경은 그 자체가 복음으로 사람을 살리는 생명체이고, 인류를 향한 하나님의 뜨거운 사랑을 느끼게 하는 하나님의 심장이다. 사람을 살리는 예수 그리스도의 복음 스토리가 없다면 성경은 무가치할 것이다.

인생을 살아갈 때, 누구의 도움도 받지 않고 혼자만의 힘으로 사는 사람은 거의 없다. 기가 막힐 상황에서는 누군가에게 도움을 청하거나 또 신의 힘을 갈구하며 종교에 의존하여 축복을 빌기도 한다.

세상에 숱한 종교들이 축복을 갈망하지만 인류 최대 축복은 성경이 말씀하는 복음뿐이다. 인생의 모든 문제를 십자가에서 해결하신 예수 그리스도의 승리가 나의 승리가 되었다는 복음이 최고의 복이다. 이보다 더 큰 축복은 없다. 복음이 최고의 축복이다.

복음은 사람에게 주신 하나님의 최고 축복이고, 죽은 사람을 살리는 하나님의 비밀 병기다. 그래서 복음의 진정한 가치를 아는 사람은 복음에 목숨을 걸고 복음으로 행복을 누린다. 또 이 위대한 복음을 이웃에게 전한다. 복음에 목숨 걸었던 사도 바울은 말씀한다.

> 이와 같이 주께서도 복음 전하는 자들이 복음으로 말미암아 살리라 명하셨느니라 고전 9:14

복음의 가치를 아는 사람은 복음 안에서 큰 자유와 해방을 누리게 된다. 복음을 깨닫는 자는 하나님의 능력과 지혜로 인생 전체가 쓰임 받게 된다. 그러므로 복음을 전하는 자들은 복음으로 인해 축복 받은 삶을 살게 된다.

복음은 하나님의 능력을 끌어오는 통로다. 그래서 복음을 전할 때, 하나님의 능력이 나타난다. 악을 선으로 바꾸시고, 위기가 기회가 되고, 두려움의 상황이 기쁨이 된다. 복음이 주는 감동은 하늘의 기쁨이고, 이 땅 위에 평화의 충만함이다.

복음을 전하는 자들은 복음이 능력임을 경험함으로 간증 넘치는 삶이 된다. 복음으로 충만한 사람들이 모인 공동체가 바로 교회이다. 그래서 건강한 교회에는 간증이 넘친다. 특히 두날개교회는 복음이 충만하여 하나님의 은혜의 간증이 강물처럼 흘러넘친다.

슬픔이 변하여 춤이 되고, 탄식과 원망이 변하여 기쁨이 되는 것은 복음을 가진 자만이 누리는 영광이며 가치이다. 복음의 희소식이 삶의 환경을 역전시킨 것이다. 삶에서 기적처럼 일어나는 하나님의 감동, 이것이 복음을 가진 자의 삶의 스타일이다.

복음 없이 죽어가는 이들은 물질적인 복, 세상의 복을 좇아가지만 생명을 구원하는 하나님의 복음은 세속적인 복이 아니라 신령한 복, 영적인 복으로 충만하게 한다. 어둠과 사망에서 벗어나 사랑의 아들의 나라, 생명의 나라에 이르게 한다.

교회는 유람선이 아니라 하나님의 구조선이다. 복음을 가진 자는 죽어가는 영혼들을 복음으로 살려야 한다. 세상의 것, 땅에 있는 것들에 마음이 뺏겨 세상의 복을 좇는 이들은 세상에 묶인 자들이다.

하나님은 복음을 가진 자들이 복음을 전함으로 세상에 묶여 있는 이들이 놓임 받기를 원하신다. 그래서 두날개로 훈련된 복음 사역자들을 보내기 원하신다. 복음을 가진 자들은 복음을 전함으로 살게 된다.

하나님의 복음은 세상의 복과 다르다. 하나님의 복음은 새사람이 되게 한다. 새로운 가치관, 새로운 인생 목표, 새로운 삶의 방식으로 하나님을 경배한다. 하나님의 폭포수처럼 쏟아지는 은혜를 누리며, 복음으로 다른 사람을 구원하는 새 인생이 된다. 복음으로 새 인생을 산다.

복음과 두날개 사역

나의 복음과 예수 그리스도를 전파함은 영세 전부터 감추어졌다가 이제는 나타내신 바 되었으며 영원하신 하나님의 명을 따라 선지자들의 글로 말미암아 모든 민족이 믿어 순종하게 하시려고 알게 하신 바 그 신비의 계시를 따라 된 것이니 이 복음으로 너희를 능히 견고하게 하실 지혜로우신 하나님께 예수 그리스도로 말미암아 영광이 세세무궁하도록 있을지어다 아멘 **롬 16:25-27**

인류의 역사는 하나님의 구원의 역사이며 그 구원의 물줄기는 예수 그리스도를 따라 풍성한 삶이 펼쳐지는 복음 안으로 우리를 초대한다. 복음은 예수 그리스도 밖에 있는 우리를 예수 그리스도 안으로 들어오게 한다.

하나님은 복음 안에 들어온 자녀들의 신분을 회복시키시고 은혜 안에 살게 하신다. 복음으로 충만한 삶은 예수 그리스도의 삶과 생각과 그의 성취 안에서 전인적으로 자라나 하나님의 목적을 이루는 삶을 살게 한다.

하지만 복음은 비그리스도인에게만 필요하다고 생각하는 것은 오해다. 복음은 예수 그리스도를 믿는 모든 이들을 구원하며, 하나님의 임재 안으로 들어가게 할 뿐만 아니라, 복음을 누리는 삶의 전 영역에서 믿음과 승리의 삶을 확신시키는 핵심이다.

그러므로 예수 그리스도의 복음은 영광스러운 그날이 올 때까지 하나님의 위대한 능력을 여과 없이 드러낼 것이다. 인생의 해답이 복음이기 때문이다. 복음이 모든 것이고 전부이다. 복음만이 살길이며 생명이다. 복음을 모르는 인생은 살았으나 죽은 것이다.

> 오직 성령이 너희에게 임하시면 너희가 권능을 받고 예루살렘과 온 유대와 사마리아와 땅 끝까지 이르러 내 증인이 되리라 하시니라 행 1:8

그래서 예수님은 제자들에게 명령하셨다. 모든 민족에게로 가서 예수가 그리스도며 하나님의 아들이시며 그를 믿는 자에게 구원이 있음을 전하라고 하셨다. 그러므로 예수 그리스도의 제자는 복음을 전하는 전도제자이다.

주님은 사랑으로 12제자를 택하시고 함께 있으면서 예수님 자신이 그리스도이심을 믿게 하려고 다양한 증거와 표적들을 보여주셨다. 그리고 땅 끝까지 나가서 예수 그리스도의 복음을 전하도록 명하셨다.

예수님의 복음 전파의 명령은 제자들의 노력과 능력으로 이루어지는 것이 아니다. 예수 그리스도의 복음은 예수 그리스도로부터 시작되고 예수 그리스도로 말미암았으며 예수 그리스도로 완성되는 사역이다.

죄를 범한 인간이 하나님께 의롭다 하심을 얻는 길은 오직 예수 그리스도밖에 없다. 예수께서 우리의 죄를 대신하여 자신을 희생제물로 바치셨기에 우리가 하나님 앞에 의롭다고 인정받는 것이다. 죽을 죄인이 사는 길은 오직 예수 그리스도의 복음뿐이다.

본질상 부패하고 타락한 인간은 결단코 하나님의 심판을 면할 수 없다. 하지만 하나님은 그리스도의 완성된 사역을 근거로 죄의 대가가 지불이 되었다고 하셨고, 동시에 모든 죄가 완전히 도말되었으며, 하나님 앞에 의롭다 하심을 얻게 하셨다.

예수 그리스도의 복음 때문이다. 복음을 믿는 믿음으로 인해 모든 믿는 자들에게 하나님의 의가 나타났다. 하나님의 완전하신 의를 드러내는 것이 바로 예수 그리스도의 십자가 복음이다. 예수 그리스도를 구주로 믿는 모든 자에게는 의롭다 하심을 얻는 복음이다.

곧 예수 그리스도를 믿음으로 말미암아 모든 믿는 자에게 미치는 하나님의 의니 차별이 없느니라 롬 3:22

인간은 과거에도 죄를 지었고, 현재에도 죄를 짓고 있으며 미래에도 여지없이 죄를 지을 것이다. 즉 어떤 사람도 행위로 의롭다함을 얻을 육체는 인류 역사에 없다. 사람의 행위가 아니라 예수 그리스도의 행하심으로 하나님의 구속 즉, 죄사함을 얻은 것이다.

그리스도 예수 안에 있는 구속으로 우리가 하나님 앞에 의롭다 하심을 받은 존재가 된 것이 은혜이고 복이다. 복음은 어느 특정 민족에게나 사람들에게만 제한된 것이 아니다. 모든 믿는 자들에게 제한이나 조건 없이, 보편적으로 주시는 하나님의 절대적인 능력이다.

'모든 믿는 자'라는 의미는 '예수 그리스도의 복음'을 가진 자이다. 복음을 가진 것에는 결코 인간의 선행이나 자기 의나 노력을 포함하지 않는다. 오로지 예수 그리스도께서 완성하신 사역만이 복음의 본질이다.

복음을 가진 자는 복음의 본질인 예수 그리스도의 사역에 동참하고 또 연합하게 된다. 다시 말해서 예수 그리스도의 복음 사역에 동참하여 복음에 합당한 삶을 산다. 그의 삶을 좇아 복음을 누리고 전하는 삶으로 그리스도와 연합하게 되는 것이다.

하나님은 하나님의 의를 위해 부족한 우리를 부르셨다. 복음으로 예수 그리스도의 사역에 동참하는 것이 두날개 사역이다. 예수 그리스도의 복음을 전하는 자로 나가든지 보내든지 예수 그리스도의 복음으로 하나 되며, 연합하여 선교하는 선교적인 삶이 결론이다. 따라서 두날개의 결론은 선교이며 연합이다. 두날개는 죄인을 구원하시는 하나님의 의와 위대한 사랑을 온 세상에 드러내며 하나님의 구원을 전파함으로 예수 그리스도의 사역에 동참하고자 한다.

오직 너희는 그리스도의 복음에 합당하게 생활하라 빌 1:27

두날개운동

주의 성령이 내게 임하셨으니 이는 가난한 자에게 복음을 전하게 하시려고 내게 기름을 부으시고 나를 보내사 포로 된 자에게 자유를, 눈 먼 자에게 다시 보게 함을 전파하며 눌린 자를 자유롭게 하고 주의 은혜의 해를 전파하게 하려 하심이라 하였더라 **눅 4:18~19**

비행기는 활주로를 이륙하는 약 6초간의 비행이 가장 위험하다고 한다. 그래서 비행 조종사는 긴장한다. 활주로에서 비행기를 띄워서 올라갈 때 고도의 기술이 필요하고, 에너지 연료 소모율이 가장 높다고 한다.

교회가 하나가 되어 두날개로 날아오르려면 엄청난 에너지가 필요하다. 기도 없이는 결코 이룰 수 없다. 인간적인 방법이나 전략으로 되는 것이 아니다.

건강한 교회는 모든 성도들이 하나가 되어 같은 비전을 품고 함께 달려가는 교회다. 같은 말, 같은 마음, 같은 뜻으로 하나 되어 같은 열매 맺는 교회다. 그러기 위해서 양육하고 훈련한다.

> 형제들아 내가 우리 주 예수 그리스도의 이름으로 너희를 권하노니 모두가 같은 말을 하고 너희 가운데 분쟁이 없이 같은 마음과 같은 뜻으로 온전히 합하라 고전 1:10

많은 교회들이 교회 안에서 각기 다른 말, 다른 마음, 다른 뜻이 되어서 분쟁하고 있다. 갈등하고 분쟁하는 교회, 비전을 승계하지 못하고 늘 교인들끼리 다툼과 시비가 그칠 날 없는 교회는 성장하지 못한다.

건강한 교회는 일꾼이 많다. 순종으로 훈련되고, 로드십으로 훈련되고, 그리스도 예수의 사람으로 훈련된 제자들이 일꾼이다. 건강한 성도가 건강한 교회를 세울 수 있다.

많은 군중들이 주님을 따랐지만 주님의 관심은 오직 12명의 제자들에게 있었다. 오병이어 역사가 일어날 때 2만 명이 모였다. 수천, 수만 명이 예수님을 따랐지만 주님은 그 군중들에게 관심 갖지 않으셨고 12명에 집중하셨다.

주님이 12명에게 집중하셨던 까닭은 비전을 위임하기 위해서이다. 제자들이 이 땅에서 같은 말, 같은 마음, 같은 뜻으로 예수님과 같은 비전을 이루어야 하기 때문이다. 주님은 비전을 위임하기 위해 양육하고 말씀의 삶을 훈련하셨다. 주님의 비전은 사도들에게, 또한 속 사도들에게, 그리고 또 다른 제자들에게 위임되었다. 그래서 오늘날 제자 삼는 세계 비전이 두날개운동의 초점이 된 것이다.

두날개의 목표는 제자 삼는 비전으로 하나 되는 것, 꿈에도 소원인 재생산을 이루어내는 것, 재생산의 비전으로 무장된 말씀과 성령의 능력으로 충만한 제자를 재생산하는 것이다.

부르신 자를 기쁘시게 해드리고 사생활에 매이지 않는 그리스도 예수의 좋은 군사, 부름의 상 받기를 사모하며 끝까지 한결같이 달려가는 경기장의 선수, 눈물로 씨를 뿌리는 밭의 농부처럼 인내하는 일꾼이 필요하다. 훈련된 일꾼을 길러야 한다. 건강한 교회가 되려면 말씀에 순종하고 충성하는 일꾼을 양육하고 훈련해야 한다.

> 또 네가 많은 증인 앞에서 내게 들은 바를 충성된 사람들에게 부탁하라 그들이 또 다른 사람들을 가르칠 수 있으리라 너는 그리스도 예수의 좋은 병사로 나와 함께 고난을 받으라 병사로 복무하는 자는 자기 생활에 얽매이는 자가 하나도 없나니 이는 병사로 모집한 자를 기쁘게 하려 함이라 경기하는 자가 법대로 경기하지 아니하면 승리자의 관을 얻지 못할 것이며 수고하는 농부가 곡식을 먼저 받는 것이 마땅하니라 딤후 2:2-6

재생산 사역자를 세우는 두날개운동은 크게 세 가지의 핵심 요소가 있다.

첫 번째는 복음의 절대적인 능력을 회복하는 것이며, 둘째는 제자 삼는 세계 비전을 회복하는 것이고, 셋째는 하나님이 디자인하신 건강한 교회를 회복하는 것이다. 예수 그리스도는 어제나 오늘이나 영원토록 동일하시다. 관념적이고 교리적인 신앙이 아니라, 지금도 살아계신 하나님을 매일 만나고 체험하는 살아있는 신앙이다. 복음의 절대 능력은 죽은 신앙에서 살아있는 신앙으로 회복하게 한다. 다시 오실 재림의 주님을 사모하며 지금도 살아계신 하나님과 동행하는 신앙이 되어야 한다. 불꽃같은 눈으로 감찰하시는 우리 주님을 인식하며 신앙의 삶을 살라는 말이다. 포로 된 자를 자유케 하며, 가난한 자를 부요케 하고, 눌린 자를 해방시켜 주시고, 눈먼 자를 다시 보게 하는 복음의 능력을 회복해야 한다.

제자가 되고 제자를 삼아 하나님 나라를 확장하는 세계 복음화의 사명을 이루어야 한다.

세계 복음화는 말씀과 성령의 능력으로 이루게 하신다. 우리의 싸움이 혈과 육의 다툼이 아니므로 성령의 능력으로 무장해야 된다. 살아있는 신앙은 말씀과 기도로 무장한다. 말씀과 성령의 능력으로 무장되지 않으면 역동적인 교회, 건강한 교회를 만들 수 없다.

생명 걸고 복음의 절대 능력을 회복해야 한다. 기도의 자리로 나오라. 용장 밑에 약졸이 없지 않은가. 리더가 기도로 무장한 용장이 되지 못하면 약졸 밑에 약졸만 나온다. 강력하게 기도할 때, 기도의 용장이 된다. 복음의 절대적인 능력은 기도해야 회복할 수 있다. 기도해야 한다. 두날개운동은 기도로 회복할 수 있다.

두날개운동은 말씀 운동이며 성령 운동이다. 변화는 말씀과 기도로 이룰 수 있다. 말씀과 성령이 충만해야 한다. 말씀과 성령의 능력으로 순종하고 충성하는 제자가 되어야 비전을 이룰 수 있다.

체계적으로 말씀을 배우고, 배운 말씀이 가슴으로 흘러내리게 하려면 기도해야 한다. 하나님 나라의 가치관으로 무장되어야 한다. 성령의 검을 들고 전신갑주를 입어라. 무시로 깨어서 파수꾼처럼 기도할 때 변화가 일어난다. 성경의 원리대로 말씀의 본질을 회복해야 한다.

말씀을 붙들고 기도하고, 경건의 능력으로 변화를 이루고, 복음의 절대 능력으로 삶의 현장을 회복해야 한다. 교회의 본질을 회복하는 교회, 사역의 본질을 회복하는 교회가 건강한 교회다.

신앙의 패러다임이 양육 훈련을 통해 변화된다. 대다수의 그리스도인들은 신앙의 초보에 머물러 있기에 앞선 리더는 눈물과 땀으로 그들을 위해 기도하며 신앙의 삶을 본으로 보여주도록 해야 한다.

특히 목회자는 앞장서서 하나님 나라 가치관으로 변화된 삶과 말씀과 성령의 능력으로 충만한 삶을 모본으로 보여야 한다. 생육하고, 번성하고, 충만하고, 정복하고, 다스리는 말씀대로의 삶을 보여야 한다. 세상의 부귀영화를 벗어나서 초월해서 살아가는 삶을 보여라.

형제들아 너희는 함께 나를 본받으라 그리고 너희가 우리를 본받은 것처럼 그와 같이 행하는 자들을 눈여겨 보라 빌 3:17

역동적인 두날개 소그룹

이와 같이 주께서도 복음 전하는 자들이 복음으로 말미암아 살리라 명하셨느니라

고전 9:14

건강한 교회를 회복하기 위해 두날개운동을 시작한 지 벌써 20여 년이 흘렀다. 두날개를 적용하는 교회마다 전통으로 고착된 체질이 변화되고, 성장의 원동력이 되는 소그룹이 활성화되어 누룩처럼 빠르게 전도와 번식이 일어나고, 개인의 영적 성장도 이루는 등 교회마다 놀라운 변화의 간증들이 쏟아진다.

이처럼 두날개운동을 시작하게 된 데는 지난날 변화되지 못했던 나의 미성숙하고 어설펐던 신앙생활이 있었기 때문이다. 30대 초반에 주님의 강력한 부르심에 순종하고 신대원을 다녔지만 여전히 영적 갈등은 해소되지 않았고, 사역자로서 정체성의 부재와

헌신의 장벽을 극복하지 못한 상황에서 고민과 갈등하는 시절이 있었다. 그때 한 선교단체를 만나게 되었고, 5년간의 제자훈련 과정을 거치면서 신앙의 새로운 국면을 맞게 되었다. 양육과 훈련을 받으면서 복음 전하는 열정과 제자 삼는 비전에 사로잡혔다. 그래서 선교사로 평생을 헌신하고 싶었지만, 주님은 풍성한교회를 개척하게 하셨다.

풍성한교회는 어떤 목회적 형태나 시스템을 갖춘 상태에서 출발한 것은 아니었다. 그때 나로서는 단지 양육과 훈련을 통해 변화된 나의 가치관과 복음에 불타는 사명감뿐이었다. 주님은 '꿈에도 소원인 재생산' '복음 전하는 것 외에는 소망이 없다'는 신앙적 토대 위에 풍성한교회를 시작하게 하셨다. 어떻게 하면 평신도들을 복음의 증인이 되게 하며 재생산 사역자로 세울 것인가 하는 것이 나의 목회적 신념이었다. 그들을 주님 앞에 참으로 아름다운 신부로 세우고 싶었다.

개척 초창기에는 말씀과 기도에 전념하면서 아내와 함께 전도 소그룹인 '행복모임'을 열었다. 좋은 관계를 통해 알게 된 사람들을 모으고 그들에게 소그룹으로 복음을 전했다. 밤잠을 자지 않고 그들을 위해 전심으로 기도했다. 하나님은 우리의 기도에 응답하시고 상상할 수 없는 놀라운 역사들을 보여주셨다. 모일 때마다 기도 응답들이 이루어졌고 하나님의 살아계신 증거들이 나타났다.

복음이 선포될 때마다 상한 마음이 치유되고, 기쁨과 감사와 눈물과 회복의 역사들이 여기저기 나타났다. 그때 알았다. 복음이 해답이고, 복음이 능력이며, 복음이 하늘 문을 여는 열쇠라는 것을. 전도는 복음이 가지는 절대 능력의 증거라는 사실을 경험했다.

복음을 전할 때 복음의 능력이 나타나는 것을 보면서 수많은 사람들이 하나님께로 돌아왔다. 질병이 치유되고, 귀신이 쫓겨나며, 불치병이 완치되는 일들이 복음을 전하는 곳마다 일어났다.

복음의 절대 능력은 증인의 삶이 핵심이다. 하지만 많은 이들이 복음을 깨닫기는 하지만 복음의 능력을 누리지는 못한다. 복음의 능력을 누린다는 의미조차도 인식하지 못하는 경우도 있다.

복음은 단편적인 지식이 아니다. 복음은 하나님의 능력이다. 하지만 변질된 복음은 하나님의 능력이 100% 나타나지 못하도록 한다. 그러나 복음은 왜곡된 하나님의 형상을 회복시킨다. 복음의 위대함은 능력에 있다. 복음을 전하는 현장에는 복음의 능력이 나타난다. 복음의 능력을 경험한 사람은 복음에 사로잡히게 된다.

복음의 능력을 경험한 사람들이 또 다른 사람들을 불러 모았고 좋은 관계를 통해 끊임없이 전도 소그룹 '행복모임'은 누룩처럼 확산되었다. 마치 여기저기 펼쳐 둔 그물처럼, 행복모임으로 지역을 복음화해갔다. 상상할 수 없을 만큼 복음은 놀랍게 확산되었으며 주님의 강권적인 역사로 인해 사람들은 눈물로 회심하였다. 마치 초대 교회를 연상하는 듯했다.

예수 그리스도의 십자가의 승리를 외칠 때마다 기적 같은 일들이 생겼다. 행복모임을 여는 동안 전도 대상자들은 계속 늘어났다. 수없이 많은 영혼들이 교회로 들어왔다.

내가 전도소그룹 행복모임에 집중하게 된 데는 쓰라린 경험 때문이다. 개척 초창기부터 나의 목회 비전은 양육과 훈련을 통해 평신도를 사역자로 세우는 것이었다. 재생산 사역자를 통해 세계 비전을 이루는 꿈과 비전을 가진 교회를 목표로 하였다. 그렇지만 개척 초창기에는 극복해야 할 난관들이 많이 있었다.

교인들이 몇 명 되지 않던 개척 초창기 때의 일이다. 한 번은 총동원 전도주일을 정하였다. 그리고 엄청난 비용을 들여서 선물도 준비했다. 발이 닳도록 우리 교회를 소개하고 전도한 결과, 당일 1,200명이 왔다. 그러나 다음 주는 2명, 그 다음 주는 아무도 오지 않았다. 총동원 전도주일에 대한 역효과는 상처만 남겼고, 그날 이후부터 우리는 누구도 전도에 대해서 말하지 않았다.

이 일을 계기로 목회는 한탕주의가 아님을 처절하게 절감했다. 전도는 일회성 이벤트가 아니라 거룩한 습관이 되어야 하며, 전도하는 체질로 변화하고 의식화해야 한다는 사실을 깨달았다. 또한 전도는 좋은 언변이나 나의 경험으로 상대방을 설득하는 것도 아니다. 좋은 관계를 통해 강력하게 복음을 전함으로 복음의 증인 되는 삶을 드러내는 것임을 알았다.

그때부터는 변함없이 관계맺기를 통해서 전도하게 되었다. 전도 소그룹 행복모임은 지금까지 규칙적으로 지속되고 있다. 행복모임에서 전도 대상자들은 복음을 듣고 충격을 받는다. 그물처럼 수많은 행복모임을 지역에 펼쳐두고 복음의 절대 능력으로 충만한 전도를 진행하고 있다. 그 결과, 교회는 급속하게 성장하였고 매 주일마다 새가족들이 넘쳤다.

두날개교회들의 전도 소그룹이 이처럼 역동적인 이유는 복음의 절대 능력이 나타나기 때문이다. 세계비전두날개프로세스를 적용하는 두날개교회가 건강한 교회로 체질이 바뀌고 소그룹 사역이 원활하게 진행되는 것은 이 시대의 목회적 대안일 뿐만 아니라, 초대교회 때부터 진행되어 온 성경적인 원리이기 때문이다.

건강한 교회는 영감 넘치는 대그룹 예배의 날개와, 그리스도의 사랑이 넘치는 소그룹의 날개가 균형을 이룬다. 특히 소그룹은 역동적이며 번식력이 강하다. 두날개교회는 훈련된 소그룹 리더를 통한 소그룹의 번식과, 소그룹이 또 다른 소그룹을 낳는 사역이다. 그것은 소그룹 리더가 단계적 변화 과정을 경험하면서 훈련을 통해 세워졌기 때문이다.

두날개운동은 건강한 셀가족 소그룹과 전도소그룹 행복모임을 통해 성도들이 같은 비전을 품고 영적 목표와 사역의 목표를 이루며 총체적으로 연합하는 역동적인 구조이다. 특히 소그룹 형태의 양육 훈련 과정을 통해 가치관의 변화에 초점을 두었다. 그래서 끊임없는 실험 정신으로 수많은 임상을 거치면서 세계비전두날개프로세스를 완성시켰다.

세계비전두날개프로세스는 하나님 나라 가치관으로 변화되고, 말씀과 성령의 능력으로 제자가 되며, 소그룹 리더인 재생산 사역자를 세운다. 성경적 원리에 입각하여 평신도를 사역자로 세운다. 전도, 정착, 양육, 훈련, 재생산에 이르기까지 성경적 전략과 프로세스화 된 매뉴얼을 제공하기 때문에 교회 성장과 부흥의 강력한 도구다.

두날개교회는 세계비전두날개프로세스를 적용하는 교회를 말한다. 복음의 절대 능력이 충만한 전도 소그룹 행복모임 리더를 배출시킨다. 또한 제자 삼는 세계 비전으로 비전에 사로잡힌 소그룹 리더를 훈련한다. 하나님이 디자인하신 건강한 교회의 건강한 소그룹 사역을 위하여 평신도 리더, 재생산 사역자를 세우는 것이 목적이다. 두날개교회의 소그룹은 두날개 정신과 성경적 원리로 훈련되기에 굉장히 역동적이다.

제자 삼는 세계 비전

그러므로 너희는 가서 모든 민족을 제자로 삼아 아버지와 아들과 성령의 이름으로 세례를 베풀고 내가 너희에게 분부한 모든 것을 가르쳐 지키게 하라 볼지어다 내가 세상 끝날까지 너희와 항상 함께 있으리라 하시니라 **마 28:19-20**

예수께서 제자들에게 명하신 '제자 삼는 세계 비전'을 이루는 것이 두날개운동의 두 번째 핵심 요소다. 제자 삼는 세계 비전은 곧 재생산의 비전이다. 우리 풍성한교회 사명선언문은 '말씀과 성령의 능력으로 제자가 되어 2천2만 세계 비전을 이루는 생명의 공동체'이다. 2천 명의 선교사를 보내고 2만 명의 셀리더를 세워 주께서 명하신 세계 비전을 이루는 것이다.

목회자는 영적 아비로서 성도들 한 사람 한 사람을 복음으로 낳았고, 복음으로 양육하면서 해산의 수고를 아끼지 않아야 한다. 또한 사생활에 얽매이지 않는 그리스도 예수의 좋은 군사가 되도록 훈련해야 한다. 제자 삼는 세계 비전을 이루어야 하기 때문이다.

물론 성도들의 영적 필요를 채워주기 위해 심혈을 기울여 양육하지만 쉽지 않다. 때로는 사람의 변화가 더디다는 것을 알기에 갈등도 있었다. 그러나 염려할 것 없다. 제자 삼는 사역은 내가 하는 것이 아니라 주님이 하시기에 인내가 필요하다.

꿈에도 소원은 재생산이고, 복음 전하는 것, 제자 삼아 재생산하는 것 외에는 소망이 없는 것이 내 삶의 목표이다. 목표를 이루기 위해서 무엇이 필요한가? 변함없이 우직하고 한결같은 마음과 제자 삼는 열정이 필요하다. 어떻게 하면 전도 제자가 될 것인가? 밤낮으로 연구하고 임상해야 한다. 남들이 보기에는 제자 삼기에 미쳤다고 할 정도로 미쳐 있어야 한다. 제자 삼는 비전은 그만큼 가치가 있기 때문이다.

우리 주님이 다시 오시는 그날까지 한 명이라도 더 제자를 삼을 것이다. 주님께서 명하신 세계 비전을 이루기 위해서다. 그래서 두날개교회들은 땅끝까지 가서 주님의 복음을 전할 사역자들을 재생산하고 현지인들을 사역자로 세우기 위해 세계비전두날개프로세스로 최선을 다해 양육 훈련한다.

가르치는 자나 앞선 리더는 자신이 먼저 주님의 제자가 되고, 또한 가르치는 자로서 삶의 모본을 보여야 한다. 앞서 달려가는 리더가 중요하다. 나 역시 한 점 부끄럼 없는 삶을 살기 위해 말씀과 기도로 나 자신을 철저하게 연단한다. 비록 몽학선생의 역할이지만 나를 본받는 자, 나를 따르는 자가 되라고 가르친다.

스승의 삶은 제자들에게 보여주는 정직한 삶에서 출발된다. 끊임없이 성경적인 가치관을 갖도록 가르치면서 나를 통해 그리스도를 따르도록 삶으로 보여줘야 한다. 제자훈련은 도제훈련이다. 영혼을 살리는 사역을 도제한다. 영혼을 살리는 사역에 생명을 걸 수 있는 집념의 제자를 길러내야 비전을 이룰 수 있다. 재생산해야 한다.

예수 그리스도의 삶을 본받고, 그리스도의 뜻과 비전을 이루기 위해 같은 말, 같은 마음, 같은 뜻, 같은 열매를 맺으며 또한 사명을 감당할 그리스도의 제자로 훈련시켜야 한다. 제자는 예수 그리스도의 삶과 인격과 정신을 본받아 자신의 삶으로 계승시키고 헌신하는 사람이다. 예수 그리스도의 비전을 위임 받아 그의 명령과 사명을 이루는 자가 제자다.

세상 가치관에 젖어 살던 사람들이 하나님 나라의 가치관으로 변화되는 것은 쉽지 않다. 열정과 비전을 품은 황홀한 평신도 사역자를 기대하면서 제자를 삼지만 끊임없는 인내와 절제가 필요하다. 2천 명의 선교사를 보내고 2만 명의 셀리더를 세우는 2천2만 세계 비전을 이루어야 하기 때문이다. 그러기 위해서 아비의 심정을 품고 눈물과 땀으로 양육하고 훈련하는 것이다.

그 결과 지금은 사생활에 얽매이지 않는 예수 그리스도의 좋은 군사들이 배출되었고, 인내와 절제의 시간이 흐르면서 자신을 부인하고 십자가의 도를 좇는 순종의 제자들이 세워졌다. 그들은 내가 예전에 훈련을 받았던 선교 단체에서 본 비전과 열정에 사로잡힌 황홀한 평신도 사역자들의 모습이다. 열정적이고, 가치관이 변화된 그리스도 예수의 사람들이다. 수동적이고 소극적인 평신도들이 양육과 훈련으로 가치관이 변하고 충성스럽고 적극적인 일꾼으로 탈바꿈한 것이다.

훈련된 평신도들이 풍성한교회 사역의 핵심을 이루면서 교회는 더욱 역동적으로 움직인다. 그들이 또 다른 평신도들을 양육하고 훈련시키는 소그룹의 리더로 세워지면서 양육과 훈련을 담당하게 되었고 아주 빠르게 수많은 소그룹 리더들이 배출되고 있다.

양육과 훈련을 통해 세계 비전을 품은 전도 제자들이 소그룹의 리더로 세워지면서 소그룹은 소그룹을 낳고, 공동체가 번식되고 있다. 소그룹 제자 훈련은 주님의 말씀에 즉시, 끝까지, 열매 맺을 때까지 순종하는 제자들을 배출한다. 충성과 헌신과 순수한 열정을 품고 나와 함께 비전을 이루기로 한 사랑스런 성도들, 전도와 선교에 열정을 품은 제자들의 탄생은 눈물과 땀의 결정체이다.

세계비전두날개프로세스를 통한 훈련의 결과다. 프로세스는 원칙대로 해야 한다. 그러면 강력한 그리스도의 군사를 만들 수 있다. 원칙대로, 배운 대로 한다는 원리를 잊어서는 안 된다. 세계비전두날개프로세스는 전도하는 체질로 바뀌게 한다. 주님의 제자가 되고, 성령으로 하나 되고, 비전으로 하나 되어 말씀과 성령의 능력으로 제자 삼아 세계 비전을 이루자.

예수께서 나아와 말씀하여 이르시되 하늘과 땅의 모든 권세를 내게 주셨으니 그러므로 너희는 가서 모든 민족을 제자로 삼아 아버지와 아들과 성령의 이름으로 세례를 베풀고 내가 너희에게 분부한 모든 것을 가르쳐 지키게 하라 볼지어다 내가 세상 끝날까지 너희와 항상 함께 있으리라 하시니라 마 28:18-20

재생산하는 교회

나는 참포도나무요 내 아버지는 농부라 무릇 내게 붙어 있어 열매를 맺지 아니하는 가지는 아버지께서 그것을 제거해 버리시고 무릇 열매를 맺는 가지는 더 열매를 맺게 하려 하여 그것을 깨끗하게 하시느니라 **요 15:1-2**

하나님이 디자인하신 교회는 건강한 교회, 재생산하는 교회, 영감이 넘치는 대그룹 예배와 소그룹 모임이 균형을 이루는 교회다. 특히 두날개 정신으로 훈련된 소그룹은 강력한 성장과 번식이 일어난다.

유기체는 반드시 재생산하는 원리가 있다. 유기체는 하나가 끊임없이 계속 성장하는 것이 아니라 또 다른 유기체로 재생산한다. 참된 전도자의 진정한 열매는 새가족이 아니라 또 다른 전도자이다. 사과나무의 진정한 열매는 사과가 아니라 또 다른 사과나무이듯, 건강한 교회의 진정한 열매는 또 다른 건강한 교회다.

하나님이 디자인하신 건강한 교회의 소그룹이 강력하게 번식되는 이유는 몇 가지가 있다.

첫째, 소그룹이 복음의 절대 능력으로 충만하며, 훈련된 제자들이 사역자로 세워졌기 때문이다. 또한 영감 넘치는 대그룹 예배뿐만 아니라 전인적인 셀가족 공동체에 예수 그리스도의 임재와 능력과 목적이 체험되는 것은 성령의 기름 부으심이 강렬하기 때문이다.

둘째, 훈련된 제자들은 재생산 사역자들이며 복음의 능력으로 무장된 건강한 성도들이다. 훈련된 제자는 재생산을 이룰 때까지 해산의 수고를 아끼지 않는다. 사명과 비전을 이루기 위해 목숨 건 복음의 증인으로 대부흥을 일으키는 역사의 주역들이 된다.

셋째, 건강한 두날개교회의 건강한 소그룹은 리더가 핵심이다. 소그룹 리더는 두날개 정신으로 훈련되어 비전과 사역의 목표를 이룬다. 충성과 순종을 제1의 원칙으로 하며, 스승의 삶을 본받는 신실한 일꾼으로 재생산한다. 분명한 목표와 비전을 품고 예수 그리스도의 장성한 분량이 충만한 데까지 이르도록 영적으로 성장한다. 그러기 위해서는 기도와 경건의 삶이 필수적이다.

넷째, 두날개의 건강한 소그룹은 강력한 영적 엔진을 달고 홀로 각자 신앙 생활을 하는 것이 아니라, 함께 하나 되어 말씀과 기도로 세계 비전을 이룬다. 건강한 소그룹은 전도와 기도로 번식에 집중한다. 전도하고 기도하는 것이 일회성 행사 프로그램용이 아니라 습관화, 체질화, 의식화가 되게 한다. 그럼으로써 자연스럽게 소그룹이 번식하고 지속적으로 변화하고 성장하는 소그룹 체제를 갖는 것이다.

다섯째, 건강한 소그룹은 셀가족 간에 상호 책임지고 상호 의존하는 유기체적 조직 구조를 형성한다. 비전을 이루기 위해 전도와 기도에 집중하므로 소그룹에는 번식 순환이 주기적으로 발생한다. 두날개는 양육과 훈련을 통하여 빠르게 소그룹 리더가 세워지고, 전도와 번식이 지속적으로 발생하는 역동적인 소그룹 체제이다.

교회가 전통이나 조직에 매여 역동적이지 않다면 건강한 체질로 개선할 필요가 있다. 교회의 본질과 사명에 충실하도록 체계화된 소그룹 시스템으로 변화하는 것이 중요하다. 소그룹으로 전도하고 기도하는 것은 이론이 아니라 거룩한 습관이며 실행해야 할 믿음의 원리이다.

셀가족 공동체는 전인적인 소그룹이다. 사명을 깨닫고 비전을 품은 소수의 성도들이 서로 사랑하고 용서하며, 시간과 물질, 생명을 다해 서로를 섬기며 또한 이웃에게 사랑의 예수 그리스도를 전할 때 교회는 균형 잡힌 건강한 체질이 된다. 전도, 정착, 양육, 훈련, 그리고 재생산에 이르기까지 전략적으로 소그룹을 번식하도록 구조화하는 것이 효과적이다.

따라서 교회는 주일 대그룹 예배에 집중하는 것과 마찬가지로 소그룹을 활성화하고 강화시켜야 한다. 소그룹의 장점을 살려 에너지를 전도와 기도에 집중할 때 폭발적인 성장을 예측할 수 있으며 교회는 건강하게 날아오르게 될 것이다.

건강한 소그룹은 복음의 절대 능력으로 전도하고 기도로 하나님의 뜻을 이루어 드린다. 건강한 소그룹의 리더는 눈물과 땀으로 제자 삼는 원리를 실천하는 해산의 수고를 아끼지 않는다.

두날개 사역자는 사생활에 얽매이지 않고 그리스도 예수의 좋은 군사로서 부르신 자를 기쁘시게 하기 위해 충성을 다한다. 또한 부름의 상을 받기 위해 열심을 품고 달려가는 경기장의 선수처럼 끝까지 순종하고, 눈물로 씨를 뿌리는 밭의 농부처럼 인내와 절제로 재생산 사역에 생명을 건다.

따라서 두날개 정신으로 훈련된 소그룹은 번식과 재생산이 역동적으로 일어나는 것이 자연스럽다. 그것이 하나님이 디자인하신 교회이며 두날개로 날아오르는 건강한 교회다.

오늘날 교회가 대형화하는 것도 중요하지만 건강한 교회로 거듭나는 것이 우선적이다. 하나님이 디자인하신 건강한 교회는 대그룹과 소그룹이 균형 있게 성장한다. 번식은 하나님을 기쁘시게 하는 아름다운 소그룹의 역할임을 확신한다.

건강한 교회의 목표는 재생산이다. 재생산의 비전을 품고 두날개로 날아오르는 건강한 교회의 회복이 바로 교회의 본질을 회복하는 것이다. 성경적인 교회, 두날개로 날아올라 재생산하는 건강한 교회가 되어 주님의 비전을 이뤄드리자.

> 울며 씨를 뿌리러 나가는 자는 반드시 기쁨으로 그 곡식 단을 가지고 돌아오리로다 시 126:6

하나님이 디자인하신 건강한 교회

날마다 마음을 같이하여 성전에 모이기를 힘쓰고 집에서 떡을 떼며 기쁨과 순전한 마음으로 음식을 먹고 하나님을 찬미하며 또 온 백성에게 칭송을 받으니 주께서 구원 받는 사람을 날마다 더하게 하시니라 **행 2:46-47**

하나님이 디자인하신 건강한 교회를 회복하는 것이 두날개운동의 세 번째 핵심 요소이다. 하나님이 디자인하신 교회는 어떻게 탄생하였는가? 베드로의 신앙고백 위에 세운 반석과 같은 교회, 음부의 권세가 절대로 이기지 못하는 교회 위에(마 16:18), 성령의 기름 부으심이 불같이 바람같이 임하고 난 뒤에 태동하였다(행 2:1-3). 대그룹의 날개와 소그룹의 날개가 균형을 이루면서 하나님이 디자인하신 교회가 세워졌다.

하나님이 디자인하신 건강한 교회는 날마다 성전에서 모이고 또 가정에서 모였다. 깊은 사랑으로 돌보고 상호 의존하였으며 상호 책임지는 관계였다.

하나님은 대그룹의 주일 예배를 통해서 하나님의 초월적인 은혜를 경험하게 하셨고 또한 두세 사람이 내 이름으로 모인 소그룹 예배도 함께하시겠다고 하셨다.

하나님은 우리가 예배를 통하여 회복되고, 고침 받고, 능력을 받고, 문제 해결 받고, 그리스도의 임재와 강력한 기름 부으심을 경험하게 하셨다.

특히 두날개운동은 전인격적으로 만나는 소그룹의 회복을 중요시한다. 지난 2천 년 동안 교회들이 대그룹으로 예배를 드렸다. 하지만 전인적인 소그룹에 대해서는 상당히 무관심하다. 교회 안에도 많은 소그룹들이 있다. 소그룹 성경공부도 있고 구역이라는 이름으로 소그룹이 진행되고 순모임이나 속회도 있다.

그러나 그 소그룹이 전인적인가를 살펴보아야 한다. 가족적인 공동체인가, 영적 가족인가 하는 것이다. 교회 안의 소그룹은 유기체로 예수의 생명으로 하나 된 영적 가족이어야 한다.

하나님이 디자인하신 건강한 교회는 두날개가 균형을 이룬다. 하나님은 대그룹 예배를 통하여 초월적인 위대하신 하나님의 은혜를 체험하도록 만드시고, 전인적 소그룹을 통해서는 하나님의 따뜻하고 친밀한 사랑을 누리도록 하셨다.

로마에 간 적이 있다. 카타콤catacomb을 방문했다. 로마 도시 밑에 있는 천 년의 지하 묘지였다. 석회암으로 된 230km의 동굴이 로마 도시 밑에 있었다. 네로 황제를 비롯한 10여 명의 황제들은 그리스도인들을 박해했다. 초대 교회 성도들은 핍박을 피해서 카타콤으로 들어간 것이다. 황제들이 사자를 풀어서 죽이고, 불에 태워서 죽이고, 톱으로 잘라서 죽이고, 온갖 다양한 방법으로 핍박하고 죽였지만 그리스도에 대한 믿음을 포기하게 할 수는 없었다.

빛도 들어오지 않는 굴속에서 한 평생을 보내면서도 예수 그리스도의 영광으로 충만했던 그들의 유적들을 볼 수 있었다. 비록 갇혀 있었지만 그들의 영혼은 두 날개를 가진 새처럼 날고 있었다.

당시의 그리스도인들은 탄광촌이나 금광촌에서 발목에 수갑을 차고 1m 반경만 돌 수 있도록 한 말뚝에 박힌 채 채굴하다가 죽어갔다. 그러나 그들의 영혼은 새처럼 날아다녔다. 하나님의 보좌 앞으로 날아올랐던 것이다. 참으로 충격적이었다.

환난과 핍박 중에서도 그들은 신앙을 지켰다. 그 영혼의 자유함과 성령 안에서 의와 평강과 희락으로 충만한 그들을 보면서 로마 제국이 무너진 것이다.

건강한 교회의 건강한 성도는 주일날 한 번씩 모여 대그룹으로 예배드리는 것으로 만족하지 않는다. 주일날, 함께 모여 대그룹으로 예배를 드리면서 또한 흩어지면 주중에 소그룹으로 모여 하나님을 찬미하고 말씀을 배우고 함께 떡을 떼며 사랑과 은혜로 교제하며 하나님께 영광을 돌린다. 그것이 하나님이 디자인하신 건강한 교회다.

날마다 마음을 같이하여 성전에 모이기를 힘쓰고 집에서 떡을 떼며 기쁨과 순전한 마음으로 음식을 먹고 하나님을 찬미하며 또 온 백성에게 칭송을 받으니 주께서 구원 받는 사람을 날마다 더하게 하시니라 행 2:46-47

꿈에도 소원은 재생산

형제들아 내가 우리 주 예수 그리스도의 이름으로 너희를 권하노니 모두가 같은 말을 하고 너희 가운데 분쟁이 없이 같은 마음과 같은 뜻으로 온전히 합하라 **고전 1:10**

중국의 모택동은 부질없는 마르크스 혁명 사상에 생명을 거는 20명을 주축으로 하는 홍군을 데리고 당시 군사력과 화력이 월등했던 장개석을 대만으로 쫓아내고 1949년 중국을 공산화했다. 예수님은 진리의 복음에 생명을 바친 12명의 제자를 통해 세상을 변화시키셨다. 우리는 어떤가? 우리 교회 하나도 감당하지 못하고 있다. 우리는 왜 지역조차도 변화시키지 못하는가?

생명 거는 제자들이 없기 때문이다. 주님의 비전에 생명 걸고 함께 달려갈 자가 없다. 인생이 강건하면 70세이고 또 80세이다. 무엇을 남길 것인가. 생명을 걸고 달려갈 비전을 위임시켜야 한다.

비전을 위임받은 제자를 통해 생명 걸고 주님의 비전을 이루기 위해서 달려가게 해야 한다. 영적으로 성장하지 못한 성도들에게 젖병이나 물려주고 기저귀나 갈아주는 그런 베이비 목회, 젖병 목회는 이제 끝내야 한다. 젖병 목회로는 결코 재생산이 일어나지 않는다.

신앙생활의 연륜과 영적 수준과는 상관이 없다. 직분도 마찬가지이다. 말씀과 성령이 역사하는 체계적인 양육과 훈련이 아니고는 누구도 생명을 거는 제자가 나오지 않는다. 생명을 거는 제자만이 세상을 변화시킬 수 있다. 주님은 우리를 그리스도 예수의 좋은 군사로 부르셨다(딤후 2:3). 군사는 부르신 자를 기쁘시게 하기 위해 사생활에 매이지 않는다.

교회 안에 훈련된 신앙의 군사가 얼마나 있을까? 사생활에 매이지 않고 부르신 자를 기쁘게 해드리는 군사가 얼마나 있느냐가 관건이다.

그러나 흔히들 군사와 같은 신앙이 어떤 것인지 본 적이 없기 때문에 흉내조차 내지 못한다. 헌금도 많이 하고, 헌신적으로 충성 봉사하는 성도는 많이 있지만, 사생활에 얽매이지 않고 부르신 자를 기쁘게 해드리는 군사는 드물다. 군사는 훈련되어야 한다. 훈련되지 않으면 만들어지지 않는다.

또한 비전을 향해 한결같이 달려가는 경기장의 선수가 필요하다. 부름의 상을 받기 위해 끝까지 인내하며 달려가는 경기장의 선수가 되어야 한다. 1, 2년 사역하다가 사라지는 것이 아니라 비전의 42.195km를 바라보며 끝까지 완주할 선수가 되어야 한다.

한결같이 그 자리에서 눈물로 기도하며 재생산을 꿈꾸며 달려가는 사역자가 되어야 한다. 눈물로 씨를 뿌리는 농부의 심정으로 얼어붙은 땅을 개간하고 김을 매며 약을 치고 벌레도 잡아야 한다. 땡볕에 열심히 일하는 까닭은 열매를 기대하기 때문이다. 인내하며 열심히 한결같이 달려가는 밭의 농부가 비전을 이루는 재생산 사역자이다.

> 내가 이미 얻었다 함도 아니요 온전히 이루었다 함도 아니라 오직 내가 그리스도 예수께 잡힌 바 된 그것을 잡으려고 달려가노라 형제들아 나는 아직 내가 잡은 줄로 여기지 아니하고 오직 한 일 즉 뒤에 있는 것은 잊어버리고 앞에 있는 것을 잡으려고 푯대를 향하여 그리스도 예수 안에서 하나님이 위에서 부르신 부름의 상을 위하여 달려가노라 빌 3:12-14

육신의 정욕과, 안목의 정욕과, 이생의 자랑으로 사는 것이 인생 최대의 목표였던 사람이 양육과 훈련을 통해서 가치관의 놀라운 변화가 일어나는 것은 그 어느 것과 비교할 수 없는 기쁨이다.

사람이 변할까? 변한다. 성품의 변화는 쉽지 않지만 가치관은 말씀과 성령의 능력으로 반드시 변한다.

가치관이 변화되면 성품도 서서히 변화된다. 훈련된 사람은 세상의 가치관에서 하나님 나라의 가치관으로 바뀌고, 영혼 구원에 대한 가치를 발견한다.

꿈에도 소원인 재생산이 최고의 가치로 인식될 때 기적은 일어난다. 모든 공력이 불탈 것인데 하나님 앞에 남는 것은 무엇인가? 영혼이다. 영혼을 내 어깨 위에 세워 재생산하는 사람을 하나님께서는 반드시 기억하신다. 허다한 증인들이 구름 떼같이 몰려오는 그때를 꿈꾸며, 사도 바울처럼 부름의 상을 향해서 달려가야 한다.

성공한 사람들의 공통점은 열정이다. 그리스도인의 열정은 어디에서 나오는가? 성령의 기름 부으심에서 나온다. 그리스도인의 꺼지지 않는 열정은 성령의 불이 내 안에서 불타고 있을 때 가능하다.

그리스도의 뜨거운 열정이 세계비전두날개프로세스 안에 녹아 있다. 양육과 훈련으로 가치 변화가 일어나며, 비전을 발견하면 열정적인 영성이 불타오른다. 그래서 주님의 세계 비전에 사로잡히게 된다. 비전에 사로잡힌 자만이 끝까지 달려가게 되는 것이다.

깃발을 든 한 사람이 중요하다. 깃발을 든 사람이 달려가면 많은 사람들이 그 길로 달려갈 수 있다. 비전에 사로잡힌 한 사람, 가치 변화가 일어난 한 사람이 열정적으로 달려갈 때 그 뒤를 따르는 사람들이 같은 말, 같은 마음, 같은 뜻, 같은 열매를 맺으며 함께 달려가게 되는 것이다.

> 이를 위하여 나도 내 속에서 능력으로 역사하시는 이의 역사를 따라 힘을 다하여 수고하노라 골 1:29

내 안에 역사하시는 그분의 역사하심을 좇아가려면 영적으로 민감해야 한다. 영적 성장은 말씀과 성령이 균형을 이루게 한다. 그리스도의 핏값으로 사신 몸 된 교회에 뼈를 묻는 일꾼들이 재생산되어야 한다.

변질된 일꾼, 허울 좋은 일꾼, 생색내기 좋아하는 일꾼, 자기 이름을 드러내는 일꾼, 호시탐탐 직분을 노리는 일꾼이 아니라, 순수한 열정으로 비전에 사로잡혀 함께 달려가는 일꾼이 세워져야 한다.

꿈에도 소원은 재생산이다. 세계비전두날개프로세스를 적용하는 교회마다 변화와 영적 성장이 일어나고 있다. 이것이 하나님께서 마지막 시대에 주신 선물이다.

세계비전두날개프로세스는 내가 만든 것이 아니다. 모태신앙인의 한 사람으로서 어릴 적부터 교회 안에서 고민하고 갈등하며 영적 고뇌를 많이 했던 삼류 그리스도인의 삶을 청산하게 하신 하나님께서 주신 것이다.

영적 갈등과 방황 속에 허덕이는 나에게 은혜를 베푸셔서 두날개가 나온 것이다. 우리는 날아올라야 한다. 비행기가 활주로에서 뜨기 전까지는 어렵고 가장 많은 에너지가 소비되고 고도의 기술이 요구된다. 그러나 비행기가 이륙하기만 하면 창공을 날게 된다. 실수하지 않으시는 하나님께서 공연히 우리를 부르셨겠는가.

우리 신앙에 날개를 달아주시기 위해서 부르신 것이다. 대그룹 축제 예배의 날개와 전인적인 소그룹의 날개, 말씀과 성령의 두날개를 달아주시기 위해서 부르신 것이다.

두날개를 달고 복음으로 지역을 정복하고, 민족을 정복하고, 열방을 정복하기 위해서이다. 생명을 걸고 비전을 위해 자신을 불태우는 자가 되어야 한다. 부름의 상 주심을 향해서 사도 바울처럼 순수하게 달려가자.

우리 모두 함께 두날개로 날아올라 하나님의 보좌 앞에 나아가자. 하나님의 초월적인 은혜와 기름 부으심을 사모하며 날아오르자. 하나님의 내재하심과 하나님의 친밀하심과 기름 부으심을 받아 땅끝까지 날아올라 주님의 재림을 준비하자. 역사가 일어날 것을 기대한다.

두날개교회

또 만물을 그의 발 아래에 복종하게 하시고 그를 만물 위에 교회의 머리로 삼으셨느니라 교회는 그의 몸이니 만물 안에서 만물을 충만하게 하시는 이의 충만함이니라
엡 1:22~23

'두날개교회'란 세계비전두날개프로세스를 적용하는 교회를 말한다. 세계비전두날개프로세스를 적용해서 열매 맺는 교회를 약칭으로 '두날개교회'라 한다.

교회는 영적인 기관이며 주님의 몸이다. 우리가 교회를 위해 열심히 봉사하고 섬기는 것도 중요하지만 하나님께서 원하시는 교회는 어떤 교회인가에 대한 본질적 사명과 역할에 대한 초점을 잃지 않는 것이 중요하다.

교회 성장에서 양적인 성장도 중요하지만 질적 성장, 건강한 교회로 성장하는 것이 관건이다. 따라서 건강한 교회로 성장하기 위

해서는 교회의 본질을 명확하게 알아야 한다.

교회는 날마다 말씀과 성령의 능력으로 그리스도의 장성한 분량이 충만한 데 이르기까지 변화해야 한다. 매일 성장하는 교회가 건강한 교회이고, 하나님이 디자인하신 아름답고 행복한 교회다. 아침마다 주의 은혜가 새롭고 주의 말씀이 새로워지는 교회, 말씀과 성령으로 균형을 이루는 교회, 건강하게 성장하는 교회는 세상적인 가치관이 변화되어 하나님 나라의 가치관으로 바뀌는 역사가 일어난다.

세상적인 가치관이 말씀과 성령의 능력으로 하나님 나라의 가치관으로 무장하는 것이 성장이며 변화요, 하나님이 원하시는 건강한 교회, 건강한 성도의 모습이다. 말씀 안에서 교회의 본질을 끊임없이 회복하는 것, 그것이 개혁이다. 세계비전두날개프로세스는 건강한 교회를 세우는 제자훈련 프로세스이다.

성도는 세속주의를 멀리하고 그리스도 예수의 사람이 되어야 한다. 그리스도 예수의 사람은 혈기, 정욕, 탐심, 교만, 기도 쉬는 죄를 십자가에 못 박은 사람이다. 그런 그리스도 예수의 사람이 진정한 예수님의 제자이다.

마태복음 28장 19절에 나오는 '너희는' 수많은 무리가 아니다. 말씀으로 무장되고 훈련된 제자들이다. 세계비전제자대학을 졸업

했다고 해도 가치관이 변화되지 않았다면 제자라 할 수 없다. 제자는 대량생산되지 않는다. 그리스도 예수의 사람으로 변화하고 영적으로 성장할 때 제자라 할 수 있다.

말씀과 성령의 통치를 받는 사람이 되어야 그리스도 예수의 장성한 분량을 향해 영적으로 성장하게 된다. 영적으로 성숙한 사람이 제자이다. 제자는 한 평생 영적인 목표를 향해서 달려가는 사람이며 그 사람이 모든 민족을 제자로 삼아 사역의 비전을 이루게 한다.

세계비전두날개프로세스는 영적 성장을 이루게 한다. 성도는 끊임없이 영적 성장을 이루어야 한다. 교회는 끊임없이 성경적인 교회로 개혁해야 한다. 그리스도 예수의 사람으로 무장하지 않고는 영적으로 성장할 수 없다. 영적으로 성장한 사람만이 생명을 건 제자가 된다.

초대교회 때 세운 일곱 집사 같은 일꾼, 스데반 같고 바나바 같은 제자들이 나와야 세상을 뒤집을 수 있다. 복음을 위해 생명을 거는 주님의 제자, 복음을 배워, 복음으로 세례 주고, 복음을 가르치고, 복음으로 제자 삼아 재생산할 수 있는 제자가 훈련된 제자다. 이런 성숙한 제자를 세워야 한다. 복음과 함께 하며 평생 복음 전하는 제자가 주님의 비전을 이룰 수 있다.

두날개교회는 바로 그런 일꾼들을 재생산하는 것이 목표이다.

자신이 먼저 말씀과 성령이 충만한 제자가 되고 또 다른 사람을 제자로 삼아 세계 비전을 이루는 교회다. 두날개교회의 결론은 선교이다. 예루살렘, 온 유대, 사마리아, 땅끝까지 복음의 증인이 되기 위해서 온 세상 땅끝까지 가는 것이 두날개교회다.

주님이 부르시면 땅끝까지 갈 수 있는 일꾼을 재생산해야 한다. 사생활에 얽매이지 않고, 부르신 자를 기쁘시게 해드리는 그리스도의 좋은 군사를 세워야 한다. 비전을 향해서 한결같이 달려가는 경기장의 선수, 눈물로 씨를 뿌리면 기쁨으로 단을 거둘 것을 믿고 기다릴 줄 아는 사람, 오래 참을 수 있는 사람, 인내하는 사람, 한결같은 사람, 집념 있는 제자를 키우는 것이 두날개교회다.

용장 밑에 약졸 없다. 두날개 성도는 약졸이 아니라 용장이다. 모두가 같은 말, 같은 마음, 같은 뜻으로 열매 맺는 그리스도의 좋은 군사요, 용장이다. 세계비전두날개프로세스는 그리스도의 용장을 길러내는 프로세스이다. 예수께서 행하셨던 것처럼 가르치고, 전파하고, 치유하고, 사람을 살리는 제자를 키우는 것이다. 훈련된 성도, 사람 낚는 어부, 추수하는 일꾼이다. 그리스도 예수의 사람이며 주님의 제자이다. 복음의 절대 능력으로 치유하고 회복시키는 능력 있는 제자가 용장이다.

두날개교회의 꿈은 재생산이다. 꿈에도 소원은 재생산, 복음 전하는 것 외에는 소망이 없다. 전도하여 제자 삼는 것이 재생산하는 것이다. 충성된 일꾼이 되게 한다. 충성된 일꾼은 자기를 드러내지 않으며 군말이 없다.

그리스도 예수의 좋은 군사로 훈련해야 한다. 군사 훈련의 핵심은 로드십이다. 그리스도의 주인 되심. 그리스도가 내 인생의 주인이라는 것이다. 그리스도 예수의 좋은 군사는 생명을 주님께 드린 사람들이다. 복음의 핵폭탄을 들고 땅끝까지 가서 생명을 바치는 사람들이다.

오늘날 교회 안에 훈련된 군사가 있는가. 훈련된 군사가 어떻게 살아가는지조차 본 적이 없다면 자기 마음대로 살고, 자기 생각대로 살고, 다른 말을 하고, 다른 생각을 하고, 다른 뜻을 품은 사람들이 많다. 그래서 많은 교회들이 아직 분쟁 속에 있다.

두날개교회는 제대로 된 신앙 생활의 본을 보게 한다. 깃발을 든 한 사람이 중요하다. 로드십이 철저하게 훈련되고 양육된 한 사람을 만드는 것이 어렵지만 그런 사람이 세워지면 계속해서 교회 안에 그리스도의 좋은 군사들이 세워질 것이다.

복음의 절대 능력으로 제자 삼아 땅끝까지 이르러 증인의 삶을 사는 건강한 성도들과 하나님이 디자인하신 건강한 교회들이 이 땅 위에 가득 세워지기를 기도한다.

오직 성령이 너희에게 임하시면 너희가 권능을 받고 예루살렘과 온 유대와 사마리아와 땅 끝까지 이르러 내 증인이 되리라 하시니라 행 1:8

하나님의 일하심

너희 마음의 눈을 밝히사 그의 부르심의 소망이 무엇이며 성도 안에서 그 기업의 영광의 풍성함이 무엇이며 그의 힘의 위력으로 역사하심을 따라 믿는 우리에게 베푸신 능력의 지극히 크심이 어떠한 것을 너희로 알게 하시기를 구하노라 **엡 1:18-19**

오늘날 우리나라에 복음을 전했던 유럽의 교회들은 지금 거의 박물관이 되어 가는 실정이다. 미국 교회들도 전통 교단과 교회들이 붕괴 상황과 위기를 맞고 있다. 한국 교회 역시도 90년대에 들어서면서 성장이 멈추었다고 한다.

한국 교회처럼 놀라운 부흥을 이뤄낸 나라와 교회는 지금까지 없을 것이다. 그러나 90년대부터 한국 교회도 하락세로 돌아섰다. 복음의 황금기를 누렸던 유럽과 미국 교회들도 회복이 불가능하게 보일 정도이다.

이제 교회의 양적 성장은 한계에 부딪혔다. 남미, 아시아에 있는 일부 교회들도 빠른 성장세를 보였지만 지속적이지 못했다. 대다수의 교회들이 성장을 멈췄다. 양적 성장을 멈춘 교회들은 점점 어려운 상황을 맞게 되었다. 양적 성장에 포커스를 맞춘 프로그램들은 이제 더 이상의 효과를 기대하기 힘들다. 이미 경험해 보았고 더 이상 새로운 것이 없기 때문이다.

두날개교회는 건강한 성도를 세우는 것이 목적이다. 지금까지 세계비전두날개프로세스로 건강한 성도, 그리스도의 주인 되심, 이해가 안 되어도 순종하고 유익이 없어도 순종하는 그리스도 예수의 군사, 훈련된 군사들을 배출하여 건강한 교회를 세웠다. 세계비전두날개프로세스는 영적으로 빠르게 성장하게 한다. 예수 믿는 맛을 느끼게 한다.

1994년 5월, 풍성한교회를 시작할 때 교인들에게 선포했다.

"저는 평생 목회하면서 '천부여 의지 없어서 손들고 옵니다.' 이런 찬송을 부르는 성도들의 삶이 되지 않도록 할 것입니다. 신앙생활 제대로 하지 못해서 세상에 한 발, 교회에 한 발 걸치는 신앙인으로 만들지 않겠습니다."

세상에 빠져 살다가 영락없이 돼지가 먹는 쥐엄 열매로 배를 채우는 신세가 되어 집으로 돌아온 탕자처럼, 가련한 신세가 되어 다시 교회를 찾는 무지한 신앙인을 만들지 않겠다는 것이 목회 철학이었다.

나처럼 고생하게 만들지 않겠다고 교인들과 약속했다. 예전에 나는 예수님을 믿는다고 하면서도 신앙적인 회의와 수많은 방황의 시간을 보냈다. 그러나 우리 교회 성도들은 방황하지 않고 영적 성장을 이루는 사람들이 되도록 지름길을 안내하겠다고 다짐했다.

그런 신념으로 지금까지 목회한 결과 아주 건강한 교회가 되었다. 그런 나의 목회 철학과 영적 성장의 노하우가 담긴 세계비전두날개프로세스를 모든 교회들에게 전부 공개하였다. 하나님께서 그렇게 하라고 하셨다.

우리의 미래에 대한 하나님의 계획을 누구도 몰랐지만 우리 교회는 두날개국제컨퍼런스와 5단계 집중훈련에 오시는 분들을 정성을 다해 섬겼다. 하나님께서 하라고 하시는 대로 섬겼을 뿐이다. 그렇지만 하나님은 우리의 섬김을 통해서 세계의 역사를 뒤집어엎으셨다.

그리스도의 정신은 다른 사람을 내 몸처럼 섬기는 것이다. 섬기는 사람이 역사의 주역이다. 섬김의 정신으로 무장된 교인이 건강하다. 섬기는 사람으로 훈련될 때 건강한 교회가 된다. 건강한 교회는 모두가 같은 말, 같은 마음, 같은 뜻, 같은 열매로 분쟁 없이 하나가 되어 섬기는 교회이다.

건강한 교회는 완전한 교회가 아니다. 우리는 부족한 것이 많다. 하지만 더 좋고 더 행복하고 더 건강한 교회가 되기 위해서 비전을 품고 쉬지 않고 달려가고 있다. 다른 영혼에게 관심을 갖고 그 영혼을 살리고 구원하기 위해서 복음을 전하고 나누는 것이 건강한 성도이다.

풍성한교회는 한국 교회와 세계 교회를 섬기는 것이 사명이다. 아직도 은혜 받고 새 힘을 얻고 달려가야 할 목회자와 성도들이 많기 때문이다. 우리는 계속 달려야 한다. 목회자가 변화되면 교회 역시 역동적으로 변화된다. 목회자가 넘어지면 교인들도 넘어질 수밖에 없다. 그러기에 두날개교회는 사명감을 갖고 더 건강한 교회, 더 건강한 성도가 되도록 더욱 힘차게 달려가야 한다. 하나님께서 하신다.

> 내가 달려갈 길과 주 예수께 받은 사명 곧 하나님의 은혜의 복음을 증언하는 일을 마치려 함에는 나의 생명조차 조금도 귀한 것으로 여기지 아니하노라 행 20:24

두날개로 날아오르는 사람들

또 네가 많은 증인 앞에서 내게 들은 바를 충성된 사람들에게 부탁하라 그들이 또 다른 사람들을 가르칠 수 있으리라 **딤후 2:2**

이 세상에서 전 생애를 바칠 만큼 가장 가치 있는 일은 무엇일까? 사람을 살리고 일꾼을 세우는 일이다. 재생산 사역자를 만드는 일이다. 전도하여 제자 삼아 재생산 사역자가 되게 하는 '제자 삼는 세계 비전'에 내 인생을 바치는 것이라고 믿는다.

두날개는 제자를 삼아 세계 비전을 이루는 것을 목표한다. 하나님 나라를 굳건히 세우는 불타는 세계 비전, 세계 비전을 이루기 위해 두날개는 전도, 정착, 양육, 훈련, 재생산에 이르기까지 제자 삼는 프로세스로 영적 목표와 사역의 목표를 이루기 위해 최선을 다하고 있다. 제자가 되어 제자 삼는 제자들의 교회가 건강한 교회이다.

이 세상에 완전한 교회는 없다. 완전한 사람이 없는데 어떻게 완전한 교회가 있겠는가? 두날개교회들 역시도 완전한 교회는 아니지만 건강한 교회가 되려고 노력하는 것이다.

건강한 교회가 좋은 교회다. 건강한 교회가 되려는 것이 두날개 교회의 역사적인 사명이다. 건강한 교회, 건강한 목회자, 건강한 성도가 되는 것이 중요하다.

건강한 교회는 같은 말, 같은 마음, 같은 뜻, 같은 열매를 맺는다. 교회 안에서 성도들이 한 마음 한 뜻이 되지 못하고 서로 다른 말을 하고 다른 뜻을 품고 다른 이야기를 한다면 그 교회는 건강하지 못하다.

특히 건강한 교회가 되려면 생명을 걸고 달려갈 비전이 중요하다. 흔들 수 있는 깃발과 열심히 달려 갈 필드가 필요하다. 목회자들이 비전을 제시하지 못하고, 흔들 깃발을 주지 않고, 사역할 필드를 제공하지 못한다면 성도들이 달릴 수 없다.

건강한 성도는 예수 그리스도를 위하여 자신의 인생을 바쳐 달리고 싶어 한다. 그러므로 분명한 목표, 분명한 비전이 중요하다. 생명 걸고 달려갈 비전을 제시하면 성도들은 열정을 품고 달린다. 건강한 성도는 영혼을 살리기 위해 달리게 된다.

영원한 가치는 영혼을 구원하고 영혼을 살리는 것이다. 영원히 남을 가치가 무엇인가. 가치의 변화 없이는 소 귀에 경 읽기와 같다. 누구든 진정한 가치를 발견한 사람은 자신의 삶을 거기에 투자하게 된다.

사람은 자기가 제일 좋아하는 것에 물질과 시간을 투자한다. 마찬가지로 하나님 나라의 가치를 발견한 사람은 하나님의 나라를 위해서 생명까지 던진다. 가치관이 변화되고, 비전을 발견하고, 사명을 붙드는 사람이 건강한 성도이다. 건강한 성도가 건강한 교회를 만든다.

변화가 중요하다. 가치관의 변화, 더 강력한 변혁이 일어나야 한다. 그런 때, 교회의 본질이 회복되고, 복음의 절대 능력을 회복한다. 건강한 교회로 거듭나서 제자 삼는 세계 비전을 회복하고, 하나님이 디자인하신 건강한 교회를 세워야 한다.

세상 가치관이 변하여 하나님 나라의 가치관으로 변화하면 자발적으로 행복한 섬김의 삶을 살게 된다. 구태의연한 신앙생활이 변하여 적극적이고 생동감이 넘치며 역동적인 성도가 된다.

하지만 오늘날, 교회의 본질을 잃고 비본질인 문제에 얽매여 허덕이는 교회가 수두룩하다. 심지어 어떤 교회는 무엇이 본질이고, 비본질인지조차도 구분하지 못한다. 외눈박이들끼리 사는 동네에 두 눈 가진 사람이 이상한 사람이 되듯이, 마치 요즘 시대가 그런

뉘앙스를 준다. 교회도 예외가 아니다. 십자가를 세웠다고 해서 교회가 제 역할을 잘 한다고 볼 수 없다. 곳곳에 교회를 세우고 열심히 섬기고 봉사하는 것도 중요하지만 주님이 원하시는 교회가 어떤 교회인지, 교회의 본질을 제대로 아는 것이 중요하다.

두날개교회들은 교회의 본질을 회복하기 위해 그동안 열심히 달려왔다. 지금까지 달려온 것은 우리의 힘과 능력이 아니다. 하나님은 이제 우리를 두날개로 날아오르는 건강한 교회가 되게 하셨다.

두날개교회들은 크고 위대한 비전을 품는다. 사람의 힘으로는 결코 이룰 수 없다. 계산한다고 되는 것도 아니다. 홍해가 갈라지듯, 여리고가 무너지듯, 하나님께서 하셔야 된다. 하나님께서 허락하지 않으시면 열하루 만에 갈 수 있는 가나안 땅도 사십 년이 걸린다.

하나님의 일은 하나님께서 이루신다. 항상 기도한다. '저는 어리석고 무지합니다. 하나님이 하십시오. 하나님이 하시는 것을 보여주시옵소서. 성령님이 먼저 가셔서 역사하여 주옵소서.' 하나님의 일은 사람이 계획한다고 이루어지는 것이 아니다.

비전에 생명을 거는 제자들이 더 많이 세워져야 한다. 제자 삼는 세계 비전을 품어야 한다. 비전이 중요하다. 비전은 리더십의 원동력이며 추진력이다. 비전은 모든 문제를 해결하는 힘이며 모든 문제를 이기는 원동력이다.

탁월한 리더는 비전을 공유하고 비전을 전파하며 비전을 위임한다. 주님은 제자들에게 비전을 위임하셨고, 제자들은 또 다른 제자들에게, 오늘날 우리 교회와 우리들에게까지 이 비전을 위임해 주셨다.

리더는 비전을 공유하고 비전을 심는 자이다. 재생산의 비전, 두날개교회는 비전으로 하나 된 공동체이다. 비전을 이루기 위해 생명을 바치는 자가 진정한 리더가 되어야 한다. 인생에 가장 가치 있는 일은 비전을 이루는 것이다. 영혼을 살리고 영혼을 세우는 비전, 두날개 비전으로 충만하라.

하나님의 비전은 말씀과 성령으로 충만한 그리스도 예수의 사람을 통하여 이루신다. 그리스도 예수의 사람이 제자이다. 제자가 된 사람만이 꿈에도 소원인 재생산을 이룰 수 있다. 두날개 비전을 이루시는 분은 하나님이시다.

> 이르시기를 너희는 가만히 있어 내가 하나님 됨을 알지어다 내가 뭇 나라 중에서 높임을 받으리라 내가 세계 중에서 높임을 받으리라 하시도다 시 46:10

하나님께서 이루신다. 우리는 순종할 뿐이다. 이해가 안 되어도 순종하고, 유익이 없어도 순종하고, 열매 맺을 때까지 순종하면 만들어 쓰신다.

비전은 하나님께서 이루신다. 제자 삼는 세계 비전을 품어라. 두날개교회들이여! 더 높이, 더 멀리 두날개로 날아올라 주님의 비전을 이루어 드리자. 땅끝까지 이르러 예수 그리스도의 증인이 되자.

> 보좌에 앉으신 이가 이르시되 보라 내가 만물을 새롭게 하노라 하시고 또 이르시되 이 말은 신실하고 참되니 기록하라 하시고 또 내게 말씀하시되 이루었도다 나는 알파와 오메가요 처음과 마지막이라 내가 생명수 샘물을 목마른 자에게 값없이 주리니 이기는 자는 이것들을 상속으로 받으리라 나는 그의 하나님이 되고 그는 내 아들이 되리라 계 21:5-7

두날개로 날아오르는 건강한 교회를 세우는 도서

더 행복한 삶을 위하여

이 책은 사도행전을 통해 말씀에 숨겨진 참된 즐거움과 참 기쁨을 발견하고, 더 행복하고 풍요로운 삶으로 나아갈 수 있도록 안내한다.

주님과 함께 걸으며

예수님을 만난 기적의 사람들이 전하는 바이블 다큐다. 주님을 직접 보고 만지고 이야기를 들었던 요한이 전하는 친밀하고도 소박한 대화들. 오감으로 예수님을 체험하고 그의 사랑을 누리자.

광야에서 만나다

한 번도 들은 적 없는 사랑 고백이 폭발하는 광야, 사랑의 절정을 누리는 광야로 가자. 이 책은 출애굽에서 시작하는 내러티브 조각들을 연결하여 하나님의 마음을 진지하게 읽어 낸다.

두날개로 날아오르는 다음 세대

세상 가치관을 벗겨내고 하나님 나라의 거룩한 가치관을 접목하는 어린이, 청소년 세계비전두날개프로세스 지침서다. 이 책은 다음 세대를 하나님 앞에 세우기를 열망하는 모든 이들에게 탁월한 길잡이가 될 것이다.

그 사랑

하나님의 불타는 그 사랑, 끊을 수 없는 그 사랑, 책임지시는 그 사랑, 약속하신 그 사랑을 통해 하나님과의 첫 사랑을 회복하라. 이 책을 통해 인생의 빛나는 봄날이 시작될 것이다.

사랑과 행복이 꽃피는 셀가족공동체

사랑과 돌봄이 풍성한 셀가족모임에서 예수 그리스도의 임재와 능력과 목적을 체험할 수 있다. 사과나무의 열매는 또 다른 사과나무이듯, 셀의 열매는 또 다른 셀의 재생산이다.

제자 삼는 세계 비전

김성곤 목사의 제자 삼는 사역과 두날개 정신의 결정판인 이 책은 해산의 수고를 아끼지 않고 말씀과 성령의 능력으로 제자 삼는 비전을 이루는 원리를 소개한다.

복음의 절대 능력(개정판)

복음은 인생의 모든 문제를 해결하신 예수 그리스도의 십자가 승리다. 강력한 믿음의 사람으로 변화되는 영적 대혁명의 핵심인 복음의 절대 능력을 이 책에서 만날 수 있다.

두날개로 날아오르는 건강한 교회 (개정증보판)

하나님이 디자인하신 성경적인 교회의 모델을 보여주는 교과서와 같은 책이다. 건강한 교회, 이제 선택이 아니라 사명이다.

세상을 리드하는 그리스도인

그리스도인이 하나님 마음에 합한 다윗처럼 살아간다면 이 세상을 리드하게 된다. 이 책은 그리스도인이 역사의 주역으로 세상을 리드하도록 도전한다.

영적 성장과 그리스도 중심의 삶

거룩한 인격, 거룩한 선언! 그리스도 중심의 삶이요, 증인의 삶이다. 이 책은 영적 성장과 성경적인 신앙 인격을 다듬는 영혼의 길잡이가 될 것이다.

이 땅에 하나님의 나라를 세우는 전도 소그룹 행복모임

복음으로 풍성한 삶을 돕는 전도 소그룹 행복모임의 성경적인 전도와 실천 전략을 소개한다. 주의 이름으로 모인 전도 소그룹 행복모임은 이 땅에 임하는 하나님 나라다.

나가든지 보내든지 하라

두날개선교의 배경이 되는 성경적 근거와 두날개선교의 전략 및 연합선교에 대해 상세히 기술한 책이다. 두날개선교는 하나님이 디자인하신 건강한 교회를 세워 세계 비전을 이룬다.

두날개를 말하다

두날개교회의 성경적 근거와 교회사적 배경을 제시한 교회론이며, 목회 현장과 신학의 균형을 이룬 두날개교회의 지침서다.

세상에서 가장 건강한 풍성한교회 이야기(수정판)
평신도를 영적인 군사로 세우기 위해 눈물로 밤을 지새우며, 해산의 수고를 아끼지 아니한 김성곤 목사와 풍성한교회 성도들의 헌신과 열정, 그 감동의 노래.

나는 날마다 아침이 기다려진다
날마다 잠근 동산에서 사랑하는 주님을 만나 교제하는 것이 큐티다. 큐티가 무엇이며, 큐티는 어떻게 하는지 이야기하는 이 책을 통해 주님을 친근히 만날 수 있다.

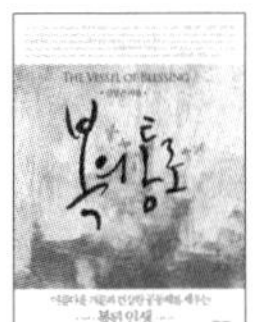

복의 통로
아낌없이 주는 사랑과 돌봄, 인애와 충성으로 공동체의 회복을 전하는 이 책은 위기를 인내하고 고난을 극복하여 복의 통로가 된 믿음의 사람들을 이야기한다.

나실인의 비밀
하나님은 당신을 이 시대의 영적 나실인으로 부르신다. 나실인의 특별한 비밀을 세밀하게 가르쳐 주시고, 한없는 사랑으로 당신을 책임지신다.

행복의 나라
인생 순례의 길에서 행복과 불행은 자신의 선택 의지에 달려 있다. 하나님께 내 인생을 맡기면 행복은 보장된다. 행복을 말하고, 행복을 상상하고, 행복로를 거닐며 행복을 누리는 자신을 축복하라.

두날개 비전 I / 두날개 비전 II
두날개양육시스템을 적용한 교회들의 은혜와 성령의 감동일지. 뜨겁고 강력한 말씀과 성령의 역사를 경험한 10개 교회의 체험 사례다.

목사라서 행복합니다
두날개양육시스템으로 변화된 목회자들의 이야기. 다양하고 은혜로운 적용사례들을 통해 두날개양육시스템을 적용하길 원하는 교회들에게 큰 도움이 될 것이다.

마음껏 꿈을 펼쳐라
지극히 평범했던 보통 사람으로서 삶을 시작한 열다섯 영웅들의 이야기를 통해 마음속의 꿈을 현실로 변화시킬 수 있는 열다섯 가지 영감을 얻게 될 것이다.

(온 가족이 함께 읽는) 천로역정
'멸망의 도시'에서 살았던 '크리스천'이 모든 유혹과 어려움을 물리치고 천국에 도착하는 과정을 풀어낸 이야기다. 주인공의 모습을 통해 이 시대 크리스천들이 어떻게 살아가야 하는지 보여준다.

주님께서 아십니다
주님은 어제의 상처와 오늘의 현실이 두려운 우리에게 특별한 사랑의 메시지를 전하신다. "내가 주님을 사랑하는 줄 주님께서 아십니다" 이 고백은 주님께 드려야 할 가장 진솔한 고백이다.

사랑이야기
짧은 이야기와 영감이 넘치는 그림으로 구성된 이 책은 더 깊은 신앙을 위해 반드시 잊지 말아야 할 이야기들로 가득하다. 아름다운 동행을 시작하는 사람들에게 감동과 희망의 메시지를 전한다.

인생정복
우리 인생의 여러 가지 난제들을 하나씩 정복해 나가는 탁월한 리더십과 지혜를 터득해보자. 인생의 어떤 문제든지 반드시 정복된다.

꿈대로 되는 사람
요셉의 삶은 위대한 꿈을 어떻게 이루는지 보여주는 하나님의 대하드라마다. 이 책을 통해 평범함을 비범함으로, 보통 사람을 위대한 꿈의 주인공으로 이끄시는 하나님의 음성을 듣게 될 것이다.

독수리처럼 날다
한 발 한 발 힘들게 오를 것인가, 독수리처럼 멋지게 날아오를 것인가? 세상을 초월해서 독수리처럼 자유롭게 하늘을 나는 믿음의 사람들 이야기다.

나는 슈퍼셀리더입니다
진정한 삶의 의미와 가치를 발견하게 하는 슈퍼셀리더들의 순전한 간증인 이 책을 통해 신앙이 회복되고 주님의 제자로 당당하게 변화될 것이다.

목회 레시피
두날개양육시스템을 적용한 13명 목회자들의 생생한 이야기를 담은 이 책은 자신의 목회 현장에서 어떻게 두날개양육시스템을 적용했는지 구체적인 사례와 그 변화를 소개한다.

예수님이라면 어떻게 하실까

다양한 계층의 사람들이 살아가면서 부딪치는 환경과 사건들 속에서 '예수님이라면 어떻게 하실까?'라는 질문에 따라 변화되어가는 모습을 그린 이야기다.

청소년을 위한 인생정복

인생의 문제들을 하나씩 정복하도록 돕는 이 책은 청소년을 위한 탁월한 인생 교과서다. 세상의 가치관에 빠지기 쉬운 청소년 시절에 위대한 하나님의 사람으로 성장하도록 돕는다.

어린이 천로역정

초등학생이 꼭 읽어야 할 최고의 고전인 이 책은 천국도시를 향해 떠나는 용감한 크리스천의 모험 이야기다. 천국도시를 향한 모험을 흥미진진하게 그렸다.

진홍가슴새 이야기

여성 최초 노벨문학상 수상작가가 쓴 예수님 십자가 사랑이야기로 '진홍가슴새'라는 이름을 가진 한 마리 작은 새를 통해 하나님의 놀라운 계획과 깊은 사랑을 알려준다.

땅콩박사 조지 카버

많이 배워서 더 많이 가르쳐줘야 한다는 큰 꿈을 품고 낮아짐과 섬김으로 세상에 희망을 준 땅콩박사 조지 카버의 이야기다.

링컨

링컨은 세계적인 리더이자 미국 역대 대통령 중에 가장 존경받는 인물이다. 링컨을 위대한 하나님의 사람이요, 영향력 있는 리더로 만든 인생 스토리를 만나보자.

D. L. 무디

전 세계 1억 명 이상의 사람들에게 복음을 전한 D. L. 무디는 하나님께서 크게 쓰신 영적 거장이다. 장난꾸러기 소년에서 전 세계를 뒤흔든 위대한 주님의 일꾼이 된 이야기다.

조지 뮬러

조지 뮬러는 평생 5만 번이나 기도 응답을 받은 기도 용사로 유명하다. 이 책은 그가 영국 브리스틀에 고아원을 세우고 오직 기도와 믿음으로 모든 필요를 채워나간 놀라운 이야기다.

기도의 사람 다니엘

다니엘은 어릴 때부터 하나님을 믿고 의지하여 젊은 나이에 총리가 된 성경 인물이다. 이 책은 모든 어려움을 기도로 이겨낸 다니엘의 성장 이야기다.

그리 아니하실지라도

용광로에 빠지는 죽음의 위기 앞에서도 하나님의 말씀을 믿고 용감하게 나아간 다니엘의 세 친구 이야기다.

요셉처럼 도와요

요셉은 역경을 딛고 애굽의 총리가 되어 하나님의 꿈을 이룬 성경 인물이다. 이 책은 하나님을 섬기는 마음으로 다른 사람을 도왔던 요셉의 섬김 이야기다.

기도수첩

하나님의 은혜를 경험하는 기도수첩. 우리 모두에게 하나님의 기적이 찾아옵니다! 기도하면 놀라운 일이 생깁니다.

두날개 핸드북 카드

소책자이기 때문에 손쉽게 읽을 수 있고, 엽서와 봉투도 구성되어 있어 선물하기 좋다.

- **인생정복**
- **두날개로 날아오르는 건강한 교회**

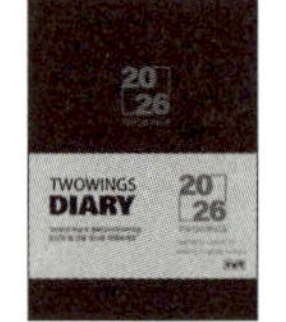

두날개 플래너

매일매일 개인의 신앙을 점검하고 하나님의 계획을 발견하여 신앙과 사역, 삶의 균형을 돕는 플래너다.

큐티지

셀라이프

셀라이프는 꾸준히 말씀을 묵상할 수 있도록 돕는 격월간 큐티지다. 더불어 5W방식의 나눔 위주의 셀모임 교재가 수록되어 있어 깊고 풍성한 셀모임이 되도록 이끈다.

유스셀

10대 꿈쟁이들을 위한 큐티지. 〈쉬운성경〉과 청소년들의 눈높이에 맞는 본문 해설로 청소년 큐티를 돕는다. 나눔 위주의 청소년 셀모임을 진행할 수 있는 교재가 수록되어 있다.

세계비전두날개프로세스 양육교재

전도▶

행복모임 I

학교, 직장 등 삶의 터전에서 이웃과 좋은 관계를 맺고 복음으로 진정한 행복을 경험하게 해주는 모임이다. 누룩처럼 확장해가는 행복모임을 통해 지역을 복음화 하는 봄 행복모임의 실행 교재다.

행복모임 II

학교, 직장 등 삶의 터전에서 이웃과 좋은 관계를 맺고 복음으로 진정한 행복을 경험하게 해주는 모임이다. 누룩처럼 확장해가는 행복모임을 통해 지역을 복음화 하는 가을 행복모임의 실행 교재다.

귀빈초청축제

전도축제는 모든 사람이 구원받기 원하시는 하나님 아버지의 마음을 깨닫고 영혼들을 전도하여 초청하는 천국 잔치다. 이 책은 봄 전도축제를 위한 교재다.

행복나눔축제

하나님은 잃어버린 영혼을 찾고 계신다. 전도축제를 통해 영광스러운 하나님 나라의 빈자리가 가득 채워지는 것을 보게 될 것이다. 이 책은 가을 전도축제를 위한 교재다.

전도 가이드

20여 년의 임상 과정을 거쳐 검증된 행복모임과 전도축제에 관한 모든 것이 담겨 있는 이 책은 성경적인 전도 원리와 함께 모든 노하우를 제공한다.

정착▶

새가족에서 한가족으로 (새가족섬김이트레이닝)

새가족섬김이는 새가족이 한가족이 되도록 가장 중요한 교량 역할을 한다. 이 책은 새가족의 효과적인 정착을 위한 새가족섬김이 사역에 필요한 교재다.

정착 가이드

새가족 정착 사역은 교회 성장과도 직결된다. 이 책은 새가족 정착을 위해 철저히 준비하는 것을 목표로 새가족 정착을 효과적으로 돕기 위한 가이드다.

러브투게더

교회는 예수 그리스도의 생명으로 하나 된 가족이다. 정착하지 못한 새가족과 장결가족의 정착을 위해 4주간 진행하여 5주차에 초청하는 여름 홈커밍데이를 위한 교재다.

해피투게더

셀가족은 돌봄의 사랑으로 충만해야 한다. 정착하지 못한 새가족과 장결가족의 정착을 위해 4주간 진행하여 5주차에 초청하는 겨울 홈커밍데이를 위한 교재다.

새가족 행복안내서

양육▶

회복캠프

우리 안에 있는 마음의 깊은 상처가 무엇인지 깨닫고, 이로 인해 생기는 마음의 병을 발견하여 예수 그리스도의 보혈과 성령의 능력으로 치유하는 회복캠프 교재다.

성장의 기쁨 I

진정한 영적 성장은 체계적인 양육을 통해 이루어진다. 영적으로 어린 그리스도인을 그리스도의 장성한 분량이 충만한 데 이르도록 돕는 양육 교재다.

성장의 기쁨 II

영적 성장의 지름길은 양육이다. 양육이 없어도 성장할지는 모르지만 균형 잡히지 않을뿐더러 성장의 속도가 더딜 수밖에 없다. 이 책은 영적인 변화와 성장으로 이끄는 양육 교재다.

양육반 가이드

양육의 과정은 쉽지 않다. 이 책은 그리스도의 일꾼을 세우고자 고군분투하는 양육자들에게 구체적이고 효과적으로 양육반 과정을 실행하도록 돕는 가이드다.

당신의 은사를 발견하라 (은사발견트레이닝)
자신의 관심과 은사가 무엇인지 알고, 성격유형을 발견하여 적절한 위치에서 효율적으로 사역하도록 돕는 은사배치사역 교재다.

은사배치사역 가이드
은사배치사역은 평신도 사역의 꽃이라 할 수 있다. 이 책은 성도들이 은사에 맞는 사역을 하도록 연결하며, 다양한 사역에 대한 구체적인 지침을 제공하는 가이드다.

제자학교 ▶

제자의 기쁨
그리스도의 주재권과 제자로의 부르심을 확신하며, 그 부르심에 순종하여 달려가는 전도제자 행복모임리더를 세우는 제자학교 양육 교재다.

제자학교 가이드
제자학교는 제자의 삶을 살도록 훈련한다. 이 책은 복음의 능력으로 사람 낚는 어부의 사명을 능히 감당하는 행복모임리더로 훈련시키는 제자학교 가이드다.

세계비전 제자대학 1학기 ▶

리더캠프
하나님 나라 가치에 사로잡힌 삶은 고귀하고 황홀한 삶이다. 이러한 하나님의 부르심을 깨닫고 그 부르심에 응답하는 삶으로 이끄는 리더캠프의 교재다.

재생산의 기쁨 I
재생산을 해 본 자만이 그 기쁨을 알 수 있다. 이 책은 비전을 향해 초지일관 달려가는 재생산사역자 셀리더를 세우는 세계비전제자대학 1학기 교재다.

재생산의 기쁨 II
하나님 나라의 가치관으로 변화된 자들이 그리스도의 순종을 몸소 체득하고 전도제자로서의 삶을 살며 재생산 사역자로 훈련되는 세계비전제자대학 1학기 교재다.

세계비전제자대학 1학기 가이드
평범한 그리스도인을 위대한 하나님 나라의 일꾼으로 세우는 신앙의 사관학교인 세계비전제자대학 1학기 가이드다.

건강한 교회의 강력한 엔진 (도고기도트레이닝)
도고기도는 놀라운 능력이 있다. 예수님의 기도의 삶을 본받는 탁월한 도고기도자를 세우는 도고기도트레이닝의 교재다.

세계비전 제자대학 2학기 ▶

세계 비전의 기쁨 I
세계 비전을 품고 열정과 인내를 다하여 또 다른 셀리더를 세우는 영광스러운 재생산 사역자의 삶을 훈련하는 세계비전제자대학 2학기 교재다.

세계 비전의 기쁨 II
아비의 심정으로 한 영혼을 어깨 위에 세우기 위해 땀과 눈물을 아끼지 않는 충성스러운 재생산 사역자가 세워지는 세계비전제자대학 2학기 교재다.

나가든지 보내든지 하라 (선교비전트레이닝)
나가든지 보내든지 선교적 삶을 살아가는 역사의 주역들과 탁월한 두날개 선교사를 세우는 선교비전트레이닝 교재다.

세계비전제자대학 2학기 가이드
평범한 그리스도인을 위대한 하나님 나라의 일꾼으로 세우는 신앙의 사관학교인 세계비전제자대학 2학기 가이드다.

청소년 양육교재

전도▶

해피스쿨 I

청소년 행복모임 해피스쿨은 팀으로 함께 전도하여 학교를 복음화하는 성경적인 전도방법이다. 해피스쿨 I 은 청소년 행복모임 실행 교재다.

해피스쿨 II

청소년 행복모임 해피스쿨은 팀으로 함께 전도하여 학교를 복음화하는 성경적인 전도방법이다. 해피스쿨 II 는 청소년 행복모임 실행 교재다.

해피스쿨 가이드

해피스쿨 가이드는 청소년 행복모임 해피스쿨을 실제적으로 할 수 있도록 돕는 안내서다.

가족▶

서번트스쿨
난 새친구섬김이가 될 거야

새친구섬김이는 새친구가 한가족이 되도록 가장 중요한 교량역할을 한다. 이 책은 새친구의 효과적인 정착을 위한 새친구섬김이 사역 교재다.

서번트스쿨 가이드

이 책은 새친구 정착을 위한 새친구섬김이 사역을 실제적으로 할 수 있도록 돕는 안내서다.

청소년 행복안내서

양육▶

어메이징 캠프

어메이징 캠프는 마음의 깊은 상처로 인해 생기는 마음의 병을 예수님의 보혈과 성령의 능력으로 치유하고 회복하여 새로운 삶을 살도록 하는 양육 교재다.

점핑스쿨
새롭게 변해요

청소년들이 양육을 통해 신앙의 기초를 튼튼히 세우고 영적 성장을 이루도록 한다. 믿음의 확신을 갖고 변화된 삶을 살도록 하는 양육 교재다.

점핑스쿨 가이드

하나님의 사람으로 청소년들을 양육하고자 고군분투하는 양육자들에게 실제적인 지침을 가르쳐주는 가이드다.

제자▶

소링스쿨 1
제자로 살아요 1

수레바퀴의 삶을 통해 균형 잡힌 그리스도인으로 자라게 하고 예수님을 주인으로 모신 삶을 살도록 하는 양육 교재다.

소링스쿨 2
제자로 살아요 2

주님의 비전을 발견하고, 주님의 말씀에 기쁨으로 순종하여 복음을 전하는 행복모임리더로 세워지도록 하는 양육 교재다.

소링스쿨 가이드

제자의 삶을 살도록 하고 사람 낚는 어부의 사명을 감당하는 행복모임리더로 세우는 소링스쿨 사역을 안내하는 가이드다.

리더▶

스카잉스쿨 1
리더가 되어요 1

행복모임리더로서 행복모임을 인도하고 균형 잡힌 영적 리더로 성장하도록 돕는 훈련 교재다.

스카잉스쿨 2
리더가 되어요 2

셀장의 역할을 충실히 행할 수 있도록 하고 주님의 세계 비전을 품은 차세대 리더로 준비되도록 돕는 훈련 교재다.

스카잉스쿨 가이드

세계 비전을 품은 차세대 리더가 되도록 하는 스카잉스쿨의 실제적인 운영 방법에 대한 가이드다.

플래너▶

제자플래너
날마다 주님과 동행하기

양육 기간 중 수레바퀴의 삶을 점검하며 설교 요약 및 적용, 기도 제목, 해피스쿨 진행 상황을 체크할 수 있도록 만들어진 플래너다.

어린이 양육교재 (전학년, 저학년, 고학년)

전도▶

NEW 해피키즈 1, 2, 3, 4

해피키즈는 어린이들이 팀으로 함께 전도하므로 친구들에게 보다 쉽게 복음을 전하는 어린이 행복모임 교재다.

NEW 해피키즈 가이드 / 미션지

해피키즈 가이드는 어린이들이 팀으로 함께 전도하므로 친구들에게 보다 쉽게 복음을 전할 수 있는 성경적인 전도 방법을 실제적이며 체계적으로 실행할 수 있도록 한다.

어린이 양육교재 (전학년용, 1~6학년)

가족▶

어린이 새가족반 가이드

주님의 마음을 품은 새가족반 교사와 셀교사의 헌신적인 섬김으로 새친구가 교회에 잘 정착할 수 있도록 돕기 위한 어린이 새가족반 실행 가이드다.

양육▶

어썸캠프

예수님을 통해 모든 죄의 문제를 해결받고 마음의 상처를 치유받아 하나님의 자녀로 당당하게 살아가는 어린이가 되도록 돕는 어썸캠프 교재다.

스프링키즈스쿨 1
하나님 믿는 키즈

하나님은 살아계셔서 지금도 역사하심을 믿음으로 신앙생활에 확신을 가지게 하여 어린이 신앙의 기초를 세우는 양육 교재다.

스프링키즈스쿨 2
하나님 아는 키즈

하나님을 알고 만나기 위해 수레바퀴의 삶을 배워 그리스도의 장성한 분량으로 성장하는 어린이가 될 수 있도록 돕는 양육 교재다.

스프링키즈스쿨 가이드

신앙의 기초가 없는 어린이를 양육하여 그리스도의 장성한 분량에 이르게 하는 스프링키즈스쿨의 실제적이며 체계적인 방법을 소개한 실행 가이드다.

제자▶

드림키즈스쿨 1
예수님 닮는 키즈

예수님이 제자로 부르셨음을 알고 그 부름에 순종하여 예수님을 닮아 제자로 살아가는 어린이가 되도록 돕는 훈련 교재다.

드림키즈스쿨 2
예수님 전하는 키즈

땅끝까지 이르러 증인이 되라는 주님의 비전을 나의 비전으로 삼아 어디서나 예수님을 전하는 어린이가 되도록 돕는 훈련 교재다.

드림키즈스쿨 가이드

예수님의 제자가 되어 비전을 발견하고 그 비전을 이루기 위해 예수님을 전하는 어린이로 세우는 드림키즈스쿨의 실제적이며 체계적인 방법을 소개한 실행 가이드다.